JN032920

は　し　が　き

　平成 29 年 3 月に告示された小学校学習指導要領が，令和 2 年度から全面実施されます。

　今回の学習指導要領では，各教科等の目標及び内容が，育成を目指す資質・能力の三つの柱（「知識及び技能」,「思考力，判断力，表現力等」,「学びに向かう力，人間性等」）に沿って再整理され，各教科等でどのような資質・能力の育成を目指すのかが明確化されました。これにより，教師が「子供たちにどのような力が身に付いたか」という学習の成果を的確に捉え，主体的・対話的で深い学びの視点からの授業改善を図る，いわゆる「指導と評価の一体化」が実現されやすくなることが期待されます。

　また，子供たちや学校，地域の実態を適切に把握した上で教育課程を編成し，学校全体で教育活動の質の向上を図る「カリキュラム・マネジメント」についても明文化されました。カリキュラム・マネジメントの一側面として,「教育課程の実施状況を評価してその改善を図っていくこと」がありますが，このためには，教育課程を編成・実施し，学習評価を行い，学習評価を基に教育課程の改善・充実を図るという P D C A サイクルを確立することが重要です。このことも，まさに「指導と評価の一体化」のための取組と言えます。

　このように，「指導と評価の一体化」の必要性は，今回の学習指導要領において，より一層明確なものとなりました。そこで，国立教育政策研究所教育課程研究センターでは,「幼稚園，小学校，中学校，高等学校及び特別支援学校の学習指導要領等の改善及び必要な方策等について（答申）」（平成 28 年 12 月 21 日中央教育審議会）をはじめ,「児童生徒の学習評価の在り方について（報告）」（平成 31 年 1 月 21 日中央教育審議会初等中等教育分科会教育課程部会）や「小学校，中学校，高等学校及び特別支援学校等における児童生徒の学習評価及び指導要録の改善等について」（平成 31 年 3 月 29 日付初等中等教育局長通知）を踏まえ，このたび「『指導と評価の一体化』のための学習評価に関する参考資料」を作成しました。

　本資料では，学習評価の基本的な考え方や，各教科等における評価規準の作成及び評価の実施等について解説しているほか，各教科等別に単元や題材に基づく学習評価について事例を紹介しています。各学校においては，本資料や各教育委員会等が示す学習評価に関する資料などを参考としながら，学習評価を含むカリキュラム・マネジメントを円滑に進めていただくことで，「指導と評価の一体化」を実現し，子供たちに未来の創り手となるために必要な資質・能力が育まれることを期待します。

　最後に，本資料の作成に御協力くださった方々に心から感謝の意を表します。

　令和 2 年 3 月

国 立 教 育 政 策 研 究 所
教育課程研究センター長
　　　笹　井　弘　之

目次

第1編　総説　　　　　　　　　　　　　　　　　　　　　　　　　　　　　……　　1
　第1章　平成29年改訂を踏まえた学習評価の改善　　　　　　　　　　　……　　3
　　1　はじめに
　　2　平成29年改訂を踏まえた学習評価の意義
　　3　平成29年改訂を受けた評価の観点の整理
　　4　平成29年改訂学習指導要領における各教科の学習評価
　　5　改善等通知における特別の教科 道徳，外国語活動（小学校），総合的な学習の時間，特
　　　別活動の指導要録の記録
　　6　障害のある児童生徒の学習評価について
　　7　評価の方針等の児童生徒や保護者への共有について
　第2章　学習評価の基本的な流れ　　　　　　　　　　　　　　　　　　……　13
　　1　各教科における評価規準の作成及び評価の実施等について
　　2　総合的な学習の時間における評価規準の作成及び評価の実施等について
　　3　特別活動の「評価の観点」とその趣旨，並びに評価規準の作成及び評価の実施等について
　（参考）　平成23年「評価規準の作成，評価方法等の工夫改善のための参考資料」か　……　22
　　　　　らの変更点について

第2編　「内容のまとまりごとの評価規準」を作成する際の手順　　　　　……　25
　　1　小学校家庭科の「内容のまとまり」
　　2　小学校家庭科における「内容のまとまりごとの評価規準」作成の手順

第3編　題材ごとの学習評価について（事例）　　　　　　　　　　　　　……　33
　第1章　「内容のまとまりごとの評価規準」の考え方を踏まえた評価規準の作成　……　35
　　1　本編事例における学習評価の進め方について
　　2　題材の評価規準の作成のポイント
　第2章　学習評価に関する事例について　　　　　　　　　　　　　　　……　42
　　1　事例の特徴
　　2　各事例概要一覧と事例
　　事例1　キーワード　指導と評価の計画から評価の総括まで，「知識・技能」の評価……　44
　　　「おいしく作ろう　伝統的な日常食　ごはんとみそ汁」（第5学年）
　　事例2　キーワード　「思考・判断・表現」の評価　　　　　　　　　　……　52
　　　「冬のあったかエコライフを工夫しよう」（第5学年）
　　事例3　キーワード　A(4)に係る「思考・判断・表現」　　　　　　　　……　60
　　　　　　　　　　　　　　　　　「主体的に学習に取り組む態度」の評価
　　　「わが家の仕事大作戦 part3 ～家族で協力，わが家のお正月を気持ちよくむかえよう～」
　　　　　　　　　　　　　　　　　　　　　　　　　　　　　　　　（第5学年）
　　事例4　キーワード　複数題材にわたる「主体的に学習に取り組む態度」の評価　……　68
　　　「地域の人に感謝の気持ちを伝えよう」（第6学年）

巻末資料　　　　　　　　　　　　　　　　　　　　　　　　　　　　　　……　77
　・　小学校家庭科における「内容のまとまりごとの評価規準（例)」
　・　評価規準，評価方法等の工夫改善に関する調査研究について（平成31年2月4日，国立教育政
　　　策研究所長裁定）
　・　評価規準，評価方法等の工夫改善に関する調査研究協力者
　・　学習指導要領等関係資料について
　・　学習評価の在り方ハンドブック（小・中学校編）
※本冊子については，改訂後の常用漢字表（平成22年11月30日内閣告示）に基づいて表記してい
　ます。（学習指導要領及び初等中等教育局長通知等の引用部分を除く）

第 1 編

総説

第1編　総説

本編においては，以下の資料について，それぞれ略称を用いることとする。

答申：「幼稚園，小学校，中学校，高等学校及び特別支援学校の学習指導要領等の改善
　　　及び必要な方策等について（答申）」　平成28年12月21日　中央教育審議会
報告：「児童生徒の学習評価の在り方について（報告）」　平成31年1月21日　中央教
　　　育審議会　初等中等教育分科会　教育課程部会
改善等通知：「小学校，中学校，高等学校及び特別支援学校等における児童生徒の学習
　　　評価及び指導要録の改善等について（通知）」　平成31年3月29日　初等中等
　　　教育局長通知

第1章　平成29年改訂を踏まえた学習評価の改善
1　はじめに

　学習評価は，学校における教育活動に関し，児童生徒の学習状況を評価するものである。答申にもあるとおり，児童生徒の学習状況を的確に捉え，教師が指導の改善を図るとともに，児童生徒が自らの学びを振り返って次の学びに向かうことができるようにするためには，学習評価の在り方が極めて重要である。

　各教科等の評価については，学習状況を分析的に捉える「観点別学習状況の評価」と「評定」が学習指導要領に定める目標に準拠した評価として実施するものとされている[1]。観点別学習状況の評価とは，学校における児童生徒の学習状況を，複数の観点から，それぞれの観点ごとに分析する評価のことである。児童生徒が各教科等での学習において，どの観点で望ましい学習状況が認められ，どの観点に課題が認められるかを明らかにすることにより，具体的な学習や指導の改善に生かすことを可能とするものである。各学校において目標に準拠した観点別学習状況の評価を行うに当たっては，観点ごとに評価規準を定める必要がある。評価規準とは，観点別学習状況の評価を的確に行うため，学習指導要領に示す目標の実現の状況を判断するよりどころを表現したものである。本参考資料は，観点別学習状況の評価を実施する際に必要となる評価規準等，学習評価を行うに当たって参考となる情報をまとめたものである。

　以下，文部省指導資料から，評価規準について解説した部分を参考として引用する。

---

[1] 各教科の評価については，観点別学習状況の評価と，これらを総括的に捉える「評定」の両方について実施するものとされており，観点別学習状況の評価や評定には示しきれない児童生徒の一人一人のよい点や可能性，進歩の状況については，「個人内評価」として実施するものとされている。（P.6～11に後述）

（参考）評価規準の設定（抄）

（文部省「小学校教育課程一般指導資料」（平成5年9月）より）

　新しい指導要録（平成3年改訂）では，観点別学習状況の評価が効果的に行われるようにするために，「各観点ごとに学年ごとの評価規準を設定するなどの工夫を行うこと」と示されています。

　これまでの指導要録においても，観点別学習状況の評価を適切に行うため，「観点の趣旨を学年別に具体化することなどについて工夫を加えることが望ましいこと」とされており，教育委員会や学校では目標の達成の度合いを判断するための基準や尺度などの設定について研究が行われてきました。

　しかし，それらは，ともすれば知識・理解の評価が中心になりがちであり，また「目標を十分達成（＋）」，「目標をおおむね達成（空欄）」及び「達成が不十分（－）」ごとに詳細にわたって設定され，結果としてそれを単に数量的に処理することに陥りがちであったとの指摘がありました。

　今回の改訂においては，学習指導要領が目指す学力観に立った教育の実践に役立つようにすることを改訂方針の一つとして掲げ，各教科の目標に照らしてその実現の状況を評価する観点別学習状況を各教科の学習の評価の基本に据えることとしました。したがって，評価の観点についても，学習指導要領に示す目標との関連を密にして設けられています。

　このように，学習指導要領が目指す学力観に立つ教育と指導要録における評価とは一体のものであるとの考え方に立って，各教科の目標の実現の状況を「関心・意欲・態度」，「思考・判断・表現」，「技能・表現（または技能）」及び「知識・理解」の観点ごとに適切に評価するため，「評価規準を設定する」ことを明確に示しているものです。

　「評価規準」という用語については，先に述べたように，新しい学力観に立って子供たちが自ら獲得し身に付けた資質や能力の質的な面，すなわち，学習指導要領の目標に基づく幅のある資質や能力の育成の実現状況の評価を目指すという意味から用いたものです。

2　平成29年改訂を踏まえた学習評価の意義

（1）学習評価の充実

　平成29年改訂小・中学校学習指導要領総則においては，学習評価の充実について新たに項目が置かれた。具体的には，学習評価の目的等について以下のように示し，単元や題材など内容や時間のまとまりを見通しながら，児童生徒の主体的・対話的で深い学びの実現に向けた授業改善を行うと同時に，評価の場面や方法を工夫して，学習の過程や成果を評価することを示し，授業の改善と評価の改善を両輪として行っていくことの必要性を明示した。

> ・児童のよい点や進歩の状況などを積極的に評価し，学習したことの意義や価値を実感できるようにすること。また，各教科等の目標の実現に向けた学習状況を把握する観点から，単元や題材など内容や時間のまとまりを見通しながら評価の場面や方法を工夫して，学習の過程や成果を評価し，指導の改善や学習意欲の向上を図り，資質・能力の育成に生かすようにすること。
> ・創意工夫の中で学習評価の妥当性や信頼性が高められるよう，組織的かつ計画的な取組を推進するとともに，学年や学校段階を越えて児童の学習の成果が円滑に接続されるように工夫すること。

（小学校学習指導要領第1章総則　第3教育課程の実施と学習評価　2学習評価の充実）
（中学校学習指導要領にも同旨）

（2）カリキュラム・マネジメントの一環としての指導と評価

　　各学校における教育活動の多くは，学習指導要領等に従い児童生徒や地域の実態を踏まえて編成された教育課程の下，指導計画に基づく授業（学習指導）として展開される。各学校では，児童生徒の学習状況を評価し，その結果を児童生徒の学習や教師による指導の改善や学校全体としての教育課程の改善等に生かしており，学校全体として組織的かつ計画的に教育活動の質の向上を図っている。このように，「学習指導」と「学習評価」は学校の教育活動の根幹に当たり，教育課程に基づいて組織的かつ計画的に教育活動の質の向上を図る「カリキュラム・マネジメント」の中核的な役割を担っている。

（3）主体的・対話的で深い学びの視点からの授業改善と評価

　　指導と評価の一体化を図るためには，児童生徒一人一人の学習の成立を促すための評価という視点を一層重視し，教師が自らの指導のねらいに応じて授業での児童生徒の学びを振り返り，学習や指導の改善に生かしていくことが大切である。すなわち，平成29年改訂学習指導要領で重視している「主体的・対話的で深い学び」の視点からの授業改善を通して各教科等における資質・能力を確実に育成する上で，学習評価は重要な役割を担っている。

（4）学習評価の改善の基本的な方向性

　　（1）～（3）で述べたとおり，学習指導要領改訂の趣旨を実現するためには，学習評価の在り方が極めて重要であり，すなわち，学習評価を真に意味のあるものとし，指導と評価の一体化を実現することがますます求められている。
　　このため，報告では，以下のように学習評価の改善の基本的な方向性が示された。
　　① 児童生徒の学習改善につながるものにしていくこと
　　② 教師の指導改善につながるものにしていくこと
　　③ これまで慣行として行われてきたことでも，必要性・妥当性が認められないものは見直していくこと

3　平成29年改訂を受けた評価の観点の整理

　平成29年改訂学習指導要領においては，知・徳・体にわたる「生きる力」を児童生徒に育むために「何のために学ぶのか」という各教科等を学ぶ意義を共有しながら，授業の創意工夫や教科書等の教材の改善を引き出していくことができるようにするため，全ての教科等の目標及び内容を「知識及び技能」，「思考力，判断力，表現力等」，「学びに向かう力，人間性等」の育成を目指す資質・能力の三つの柱で再整理した（図1参照）。知・徳・体のバランスのとれた「生きる力」を育むことを目指すに当たっては，各教科等の指導を通してどのような資質・能力の育成を目指すのかを明確にしながら教育活動の充実を図ること，その際には，児童生徒の発達の段階や特性を踏まえ，資質・能力の三つの柱の育成がバランスよく実現できるよう留意する必要がある。

図1

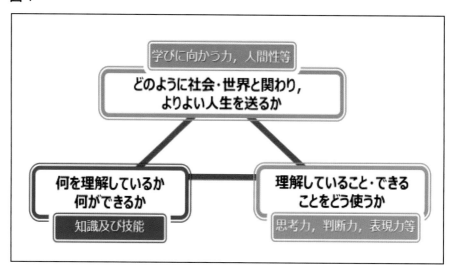

　観点別学習状況の評価については，こうした教育目標や内容の再整理を踏まえて，小・中・高等学校の各教科を通じて，4観点から3観点に整理された。（図2参照）

図2

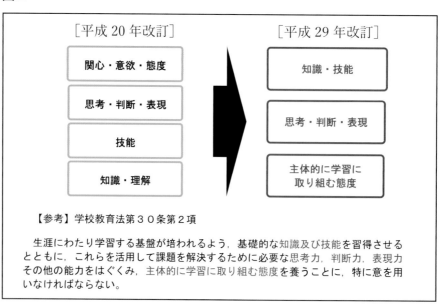

4　平成29年改訂学習指導要領における各教科の学習評価

　各教科の学習評価においては，平成29年改訂においても，学習状況を分析的に捉える「観点別学習状況の評価」と，これらを総括的に捉える「評定」の両方について，学習指導要領に定める目標に準拠した評価として実施するものとされた。改善等通知では，以下のように示されている。

【小学校児童指導要録】

　［各教科の学習の記録］

　I　観点別学習状況

　　学習指導要領に示す各教科の目標に照らして，その実現状況を観点ごとに評価し記入する。その際，

　　　「十分満足できる」状況と判断されるもの：A

　　　「おおむね満足できる」状況と判断されるもの：B

　　　「努力を要する」状況と判断されるもの：C

　のように区別して評価を記入する。

　II　評定（第3学年以上）

　　各教科の評定は，学習指導要領に示す各教科の目標に照らして，その実現状況を，

　　　「十分満足できる」状況と判断されるもの：3

　　　「おおむね満足できる」状況と判断されるもの：2

　　　「努力を要する」状況と判断されるもの：1

　のように区別して評価を記入する。

　　評定は各教科の学習の状況を総括的に評価するものであり，「観点別学習状況」において掲げられた観点は，分析的な評価を行うものとして，各教科の評定を行う場合において基本的な要素となるものであることに十分留意する。その際，評定の適切な決定方法等については，各学校において定める。

【中学校生徒指導要録】

（学習指導要領に示す必修教科の取扱いは次のとおり）

　［各教科の学習の記録］

　I　観点別学習状況（小学校児童指導要録と同じ）

　　学習指導要領に示す各教科の目標に照らして，その実現状況を観点ごとに評価し記入する。その際，

　　　「十分満足できる」状況と判断されるもの：A

　　　「おおむね満足できる」状況と判断されるもの：B

　　　「努力を要する」状況と判断されるもの：C

　のように区別して評価を記入する。

　II　評定

　　各教科の評定は，学習指導要領に示す各教科の目標に照らして，その実現状況を，

「十分満足できるもののうち，特に程度が高い」状況と判断されるもの：5

「十分満足できる」状況と判断されるもの：4

「おおむね満足できる」状況と判断されるもの：3

「努力を要する」状況と判断されるもの：2

「一層努力を要する」状況と判断されるもの：1

のように区別して評価を記入する。

　評定は各教科の学習の状況を総括的に評価するものであり，「観点別学習状況」において掲げられた観点は，分析的な評価を行うものとして，各教科の評定を行う場合において基本的な要素となるものであることに十分留意する。その際，評定の適切な決定方法等については，各学校において定める。

　また，観点別学習状況の評価や評定には示しきれない児童生徒一人一人のよい点や可能性，進歩の状況については，「個人内評価」として実施するものとされている。改善等通知においては，「観点別学習状況の評価になじまず個人内評価の対象となるものについては，児童生徒が学習したことの意義や価値を実感できるよう，日々の教育活動等の中で児童生徒に伝えることが重要であること。特に『学びに向かう力，人間性等』のうち『感性や思いやり』など児童生徒一人一人のよい点や可能性，進歩の状況などを積極的に評価し児童生徒に伝えることが重要であること。」と示されている。

　「3　平成29年改訂を受けた評価の観点の整理」も踏まえて各教科における評価の基本構造を図示化すると，以下のようになる。（図3参照）

図3

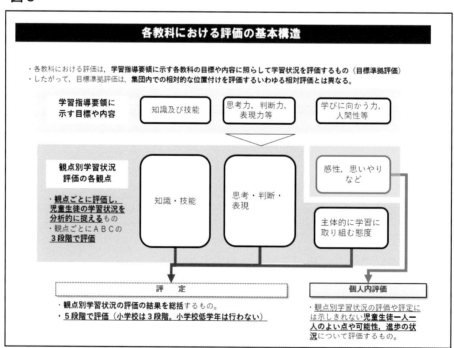

上記の，「各教科における評価の基本構造」を踏まえた3観点の評価それぞれについて

の考え方は，以下の（1）～（3）のとおりとなる。なお，この考え方は，外国語活動（小学校），総合的な学習の時間，特別活動においても同様に考えることができる。

（1）「知識・技能」の評価について

「知識・技能」の評価は，各教科等における学習の過程を通した知識及び技能の習得状況について評価を行うとともに，それらを既有の知識及び技能と関連付けたり活用したりする中で，他の学習や生活の場面でも活用できる程度に概念等を理解したり，技能を習得したりしているかについても評価するものである。

「知識・技能」におけるこのような考え方は，従前の「知識・理解」（各教科等において習得すべき知識や重要な概念等を理解しているかを評価），「技能」（各教科等において習得すべき技能を身に付けているかを評価）においても重視してきたものである。

具体的な評価の方法としては，ペーパーテストにおいて，事実的な知識の習得を問う問題と，知識の概念的な理解を問う問題とのバランスに配慮するなどの工夫改善を図るとともに，例えば，児童生徒が文章による説明をしたり，各教科等の内容の特質に応じて，観察・実験したり，式やグラフで表現したりするなど，実際に知識や技能を用いる場面を設けるなど，多様な方法を適切に取り入れていくことが考えられる。

（2）「思考・判断・表現」の評価について

「思考・判断・表現」の評価は，各教科等の知識及び技能を活用して課題を解決する等のために必要な思考力，判断力，表現力等を身に付けているかを評価するものである。

「思考・判断・表現」におけるこのような考え方は，従前の「思考・判断・表現」の観点においても重視してきたものである。「思考・判断・表現」を評価するためには，教師は「主体的・対話的で深い学び」の視点からの授業改善を通じ，児童生徒が思考・判断・表現する場面を効果的に設計した上で，指導・評価することが求められる。

具体的な評価の方法としては，ペーパーテストのみならず，論述やレポートの作成，発表，グループでの話合い，作品の制作や表現等の多様な活動を取り入れたり，それらを集めたポートフォリオを活用したりするなど評価方法を工夫することが考えられる。

（3）「主体的に学習に取り組む態度」の評価について

答申において「学びに向かう力，人間性等」には，①「主体的に学習に取り組む態度」として観点別学習状況の評価を通じて見取ることができる部分と，②観点別学習状況の評価や評定にはなじまず，こうした評価では示しきれないことから個人内評価を通じて見取る部分があることに留意する必要があるとされている。すなわち，②については観点別学習状況の評価の対象外とする必要がある。

「主体的に学習に取り組む態度」の評価に際しては，単に継続的な行動や積極的な発言を行うなど，性格や行動面の傾向を評価するということではなく，各教科等の「主体的に学習に取り組む態度」に係る観点の趣旨に照らして，知識及び技能を習得したり，

思考力，判断力，表現力等を身に付けたりするために，自らの学習状況を把握し，学習の進め方について試行錯誤するなど自らの学習を調整しながら，学ぼうとしているかどうかという意思的な側面を評価することが重要である。

　従前の「関心・意欲・態度」の観点も，各教科等の学習内容に関心をもつことのみならず，よりよく学ぼうとする意欲をもって学習に取り組む態度を評価するという考え方に基づいたものであり，この点を「主体的に学習に取り組む態度」として改めて強調するものである。

　本観点に基づく評価は，「主体的に学習に取り組む態度」に係る各教科等の評価の観点の趣旨に照らして，

①　知識及び技能を獲得したり，思考力，判断力，表現力等を身に付けたりすることに向けた粘り強い取組を行おうとしている側面

②　①の粘り強い取組を行う中で，自らの学習を調整しようとする側面

という二つの側面を評価することが求められる[2]。（図4参照）

　ここでの評価は，児童生徒の学習の調整が「適切に行われているか」を必ずしも判断するものではなく，学習の調整が知識及び技能の習得などに結び付いていない場合には，教師が学習の進め方を適切に指導することが求められる。

　具体的な評価の方法としては，ノートやレポート等における記述，授業中の発言，教師による行動観察や児童生徒による自己評価や相互評価等の状況を，教師が評価を行う際に考慮する材料の一つとして用いることなどが考えられる。

図4

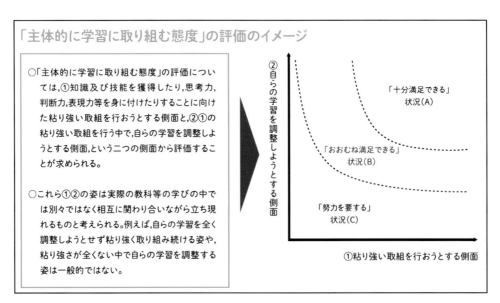

[2] これら①②の姿は実際の教科等の学びの中では別々ではなく相互に関わり合いながら立ち現れるものと考えられることから，実際の評価の場面においては，双方の側面を一体的に見取ることも想定される。例えば，自らの学習を全く調整しようとせず粘り強く取り組み続ける姿や，粘り強さが全くない中で自らの学習を調整する姿は一般的ではない。

なお，学習指導要領の「2 内容」に記載のない「主体的に学習に取り組む態度」の評価については，後述する第2章1（2）を参照のこと[3]。

5 改善等通知における特別の教科 道徳，外国語活動（小学校），総合的な学習の時間，特別活動の指導要録の記録

改善等通知においては，各教科の学習の記録とともに，以下の（1）～（4）の各教科等の指導要録における学習の記録について以下のように示されている。

（1）特別の教科 道徳について

小学校等については，改善等通知別紙1に，「道徳の評価については，28文科初第604号「学習指導要領の一部改正に伴う小学校，中学校及び特別支援学校小学部・中学部における児童生徒の学習評価及び指導要録の改善等について（通知）」に基づき，学習活動における児童の学習状況や道徳性に係る成長の様子を個人内評価として文章で端的に記述する」こととされている（中学校等についても別紙2に同旨）。

（2）外国語活動について（小学校）

改善等通知には，「外国語活動の記録については，評価の観点を記入した上で，それらの観点に照らして，児童の学習状況に顕著な事項がある場合にその特徴を記入する等，児童にどのような力が身に付いたかを文章で端的に記述すること」とされている。また，「評価の観点については，設置者は，小学校学習指導要領等に示す外国語活動の目標を踏まえ，改善等通知別紙4を参考に設定する」こととされている。

（3）総合的な学習の時間について

小学校等については，改善等通知別紙1に，「総合的な学習の時間の記録については，この時間に行った学習活動及び各学校が自ら定めた評価の観点を記入した上で，それらの観点のうち，児童の学習状況に顕著な事項がある場合などにその特徴を記入する等，児童にどのような力が身に付いたかを文章で端的に記述すること」とされている。また，「評価の観点については，各学校において具体的に定めた目標，内容に基づいて別紙4を参考に定めること」とされている（中学校等についても別紙2に同旨）。

---

[3] 各教科等によって，評価の対象に特性があることに留意する必要がある。例えば，体育・保健体育科の運動に関する領域においては，公正や協力などを，育成する「態度」として学習指導要領に位置付けており，各教科等の目標や内容に対応した学習評価が行われることとされている。

（4）特別活動について

　小学校等については，改善等通知別紙１に，「特別活動の記録については，各学校が自ら定めた特別活動全体に係る評価の観点を記入した上で，各活動・学校行事ごとに，評価の観点に照らして十分満足できる活動の状況にあると判断される場合に，〇印を記入する」とされている。また，「評価の観点については，学習指導要領等に示す特別活動の目標を踏まえ，各学校において改善等通知別紙４を参考に定める。その際，特別活動の特質や学校として重点化した内容を踏まえ，例えば『主体的に生活や人間関係をよりよくしようとする態度』などのように，より具体的に定めることも考えられる。記入に当たっては，特別活動の学習が学校や学級における集団活動や生活を対象に行われるという特質に留意する」とされている（中学校等についても別紙２に同旨）。

　なお，特別活動は学級担任以外の教師が指導する活動が多いことから，評価体制を確立し，共通理解を図って，児童生徒のよさや可能性を多面的・総合的に評価するとともに，確実に資質・能力が育成されるよう指導の改善に生かすことが求められる。

6　障害のある児童生徒の学習評価について

　学習評価に関する基本的な考え方は，障害のある児童生徒の学習評価についても変わるものではない。

　障害のある児童生徒については，特別支援学校等の助言又は援助を活用しつつ，個々の児童生徒の障害の状態や特性及び心身の発達の段階に応じた指導内容や指導方法の工夫を行い，その評価を適切に行うことが必要である。また，指導内容や指導方法の工夫については，学習指導要領の各教科の「指導計画の作成と内容の取扱い」の「指導計画作成上の配慮事項」の「障害のある児童生徒への配慮についての事項」についての学習指導要領解説も参考となる。

7　評価の方針等の児童生徒や保護者への共有について

　学習評価の妥当性や信頼性を高めるとともに，児童生徒自身に学習の見通しをもたせるために，学習評価の方針を事前に児童生徒と共有する場面を必要に応じて設けることが求められており，児童生徒に評価の結果をフィードバックする際にも，どのような方針によって評価したのかを改めて児童生徒に共有することも重要である。

　また，新学習指導要領下での学習評価の在り方や基本方針等について，様々な機会を捉えて保護者と共通理解を図ることが非常に重要である。

第2章　学習評価の基本的な流れ

1　各教科における評価規準の作成及び評価の実施等について

（1）目標と観点の趣旨との対応関係について

　　　評価規準の作成に当たっては，各学校の実態に応じて目標に準拠した評価を行うために，「評価の観点及びその趣旨[4]」が各教科等の目標を踏まえて作成されていること，また同様に，「学年別（又は分野別）の評価の観点の趣旨[5]」が学年（又は分野）の目標を踏まえて作成されていることを確認することが必要である。

　　　なお，「主体的に学習に取り組む態度」の観点は，教科等及び学年（又は分野）の目標の（3）に対応するものであるが，観点別学習状況の評価を通じて見取ることができる部分をその内容として整理し，示していることを確認することが必要である。（図5，6参照）

図5

【学習指導要領「教科の目標」】

学習指導要領　各教科等の「第1　目標」

(1)	(2)	(3)
（知識及び技能に関する目標）	（思考力，判断力，表現力等に関する目標）	（学びに向かう力，人間性等に関する目標）[6]

【改善等通知「評価の観点及びその趣旨」】

改善等通知　別紙4　評価の観点及びその趣旨

観点	知識・技能	思考・判断・表現	主体的に学習に取り組む態度
趣旨	（知識・技能の観点の趣旨）	（思考・判断・表現の観点の趣旨）	（主体的に学習に取り組む態度の観点の趣旨）

---

[4] 各教科等の学習指導要領の目標の規定を踏まえ，観点別学習状況の評価の対象とするものについて整理したものが教科等の観点の趣旨である。

[5] 各学年（又は分野）の学習指導要領の目標を踏まえ，観点別学習状況の評価の対象とするものについて整理したものが学年別（又は分野別）の観点の趣旨である。

[6] 学びに向かう力，人間性等に関する目標には，個人内評価として実施するものも含まれている。（P.8 図3参照）※学年（又は分野）の目標についても同様である。

図6

【学習指導要領「学年（又は分野）の目標」】

学習指導要領　各教科等の「第2　各学年の目標及び内容」の学年ごとの「1　目標」

(1)	(2)	(3)
（知識及び技能に関する目標）	（思考力，判断力，表現力等に関する目標）	（学びに向かう力，人間性等に関する目標）

【改善等通知　別紙4「学年別（又は分野別）の評価の観点の趣旨」】

観点	知識・技能	思考・判断・表現	主体的に学習に取り組む態度
趣旨	（知識・技能の観点の趣旨）	（思考・判断・表現の観点の趣旨）	（主体的に学習に取り組む態度の観点の趣旨）

（2）「内容のまとまりごとの評価規準」とは

　　本参考資料では，評価規準の作成等について示す。具体的には，学習指導要領の規定から「内容のまとまりごとの評価規準」を作成する際の手順を示している。ここでの「内容のまとまり」とは，学習指導要領に示す各教科等の「第2　各学年の目標及び内容　2　内容」の項目等をそのまとまりごとに細分化したり整理したりしたものである[7]。平成29年改訂学習指導要領においては資質・能力の三つの柱に基づく構造化が行われたところであり，基本的には，学習指導要領に示す各教科等の「第2　各学年（分野）の目標及び内容」の「2　内容」において[8]，「内容のまとまり」ごとに育成を目指す資質・

---

[7] 各教科等の学習指導要領の「第3　指導計画の作成と内容の取扱い」1(1)に「単元（題材）などの内容や時間のまとまり」という記載があるが，この「内容や時間のまとまり」と，本参考資料における「内容のまとまり」は同義ではないことに注意が必要である。前者は，主体的・対話的で深い学びを実現するため，主体的に学習に取り組めるよう学習の見通しを立てたり学習したことを振り返ったりして自身の学びや変容を自覚できる場面をどこに設定するか，対話によって自分の考えなどを広げたり深めたりする場面をどこに設定するか，学びの深まりをつくりだすために，児童生徒が考える場面と教師が教える場面をどのように組み立てるか，といった視点による授業改善は，1単位時間の授業ごとに考えるのではなく，単元や題材などの一定程度のまとまりごとに検討されるべきであることが示されたものである。後者（本参考資料における「内容のまとまり」）については，本文に述べるとおりである。

[8] 小学校家庭においては，「第2　各学年の内容」，「1　内容」，小学校外国語・外国語活動，中学校外国語においては，「第2　各言語の目標及び内容等」，「1　目標」である。

能力が示されている。このため,「2 内容」の記載はそのまま学習指導の目標となりうるものである[9]。学習指導要領の目標に照らして観点別学習状況の評価を行うに当たり,児童生徒が資質・能力を身に付けた状況を表すために,「2 内容」の記載事項の文末を「～すること」から「～している」と変換したもの等を,本参考資料において「内容のまとまりごとの評価規準」と呼ぶこととする[10]。

　ただし,「主体的に学習に取り組む態度」に関しては,特に,児童生徒の学習への継続的な取組を通して現れる性質を有すること等から[11],「2 内容」に記載がない[12]。そのため,各学年（又は分野）の「1 目標」を参考にしつつ,必要に応じて,改善等通知別紙4に示された学年（又は分野）別の評価の観点の趣旨のうち「主体的に学習に取り組む態度」に関わる部分を用いて「内容のまとまりごとの評価規準」を作成する必要がある。

　なお,各学校においては,「内容のまとまりごとの評価規準」の考え方を踏まえて,学習評価を行う際の評価規準を作成する。

（3）「内容のまとまりごとの評価規準」を作成する際の基本的な手順

　各教科における,「内容のまとまりごとの評価規準」を作成する際の基本的な手順は以下のとおりである。

　学習指導要領に示された教科及び学年（又は分野）の目標を踏まえて,「評価の観点及びその趣旨」が作成されていることを理解した上で,

① 各教科における「内容のまとまり」と「評価の観点」との関係を確認する。

② 【観点ごとのポイント】を踏まえ,「内容のまとまりごとの評価規準」を作成する。

---

[9] 「2 内容」において示されている指導事項等を整理することで「内容のまとまり」を構成している教科もある。この場合は,整理した資質・能力をもとに,構成された「内容のまとまり」に基づいて学習指導の目標を設定することとなる。また,目標や評価規準の設定は,教育課程を編成する主体である各学校が,学習指導要領に基づきつつ児童生徒や学校,地域の実情に応じて行うことが必要である。

[10] 小学校家庭,中学校技術・家庭（家庭分野）については,学習指導要領の目標及び分野の目標の（2）に思考力・判断力・表現力等の育成に係る学習過程が記載されているため,これらを踏まえて「内容のまとまりごとの評価規準」を作成する必要がある。

[11] 各教科等の特性によって単元や題材など内容や時間のまとまりはさまざまであることから,評価を行う際は,それぞれの実現状況が把握できる段階について検討が必要である。

[12] 各教科等によって,評価の対象に特性があることに留意する必要がある。例えば,体育・保健体育科の運動に関する領域においては,公正や協力などを,育成する「態度」として学習指導要領に位置付けており,各教科等の目標や内容に対応した学習評価が行われることとされている。

①，②については，第2編において詳述する。同様に，【観点ごとのポイント】についても，第2編に各教科等において示している。

（4）評価の計画を立てることの重要性

学習指導のねらいが児童生徒の学習状況として実現されたかについて，評価規準に照らして観察し，毎時間の授業で適宜指導を行うことは，育成を目指す資質・能力を児童生徒に育むためには不可欠である。その上で，評価規準に照らして，観点別学習状況の評価をするための記録を取ることになる。そのためには，いつ，どのような方法で，児童生徒について観点別学習状況を評価するための記録を取るのかについて，評価の計画を立てることが引き続き大切である。

毎時間児童生徒全員について記録を取り，総括の資料とするために蓄積することは現実的ではないことからも，児童生徒全員の学習状況を記録に残す場面を精選し，かつ適切に評価するための評価の計画が一層重要になる。

（5）観点別学習状況の評価に係る記録の総括

適切な評価の計画の下に得た，児童生徒の観点別学習状況の評価に係る記録の総括の時期としては，単元（題材）末，学期末，学年末等の節目が考えられる。

総括を行う際，観点別学習状況の評価に係る記録が，観点ごとに複数ある場合は，例えば，次のような方法が考えられる。

・　**評価結果のＡ，Ｂ，Ｃの数を基に総括する場合**

　何回か行った評価結果のＡ，Ｂ，Ｃの数が多いものが，その観点の学習の実施状況を最もよく表現しているとする考え方に立つ総括の方法である。例えば，3回評価を行った結果が「ＡＢＢ」ならばＢと総括することが考えられる。なお，「ＡＡＢＢ」の総括結果をＡとするかＢとするかなど，同数の場合や三つの記号が混在する場合の総括の仕方をあらかじめ各学校において決めておく必要がある。

・　**評価結果のＡ，Ｂ，Ｃを数値に置き換えて総括する場合**

　何回か行った評価結果Ａ，Ｂ，Ｃを，例えばＡ＝3，Ｂ＝2，Ｃ＝1のように数値によって表し，合計したり平均したりする総括の方法である。例えば，総括の結果をＢとする範囲を［2.5≧平均値≧1.5］とすると，「ＡＢＢ」の平均値は，約2.3［（3＋2＋2）÷3］で総括の結果はＢとなる。

なお，評価の各節目のうち特定の時点に重きを置いて評価を行う場合など，この例のような平均値による方法以外についても様々な総括の方法が考えられる。

（6）観点別学習状況の評価の評定への総括

評定は，各教科の観点別学習状況の評価を総括した数値を示すものである。評定は，児童生徒がどの教科の学習に望ましい学習状況が認められ，どの教科の学習に課題が

認められるのかを明らかにすることにより，教育課程全体を見渡した学習状況の把握と指導や学習の改善に生かすことを可能とするものである。

　評定への総括は，学期末や学年末などに行われることが多い。学年末に評定へ総括する場合には，学期末に総括した評定の結果を基にする場合と，学年末に観点ごとに総括した結果を基にする場合が考えられる。

　観点別学習状況の評価の評定への総括は，各観点の評価結果をＡ，Ｂ，Ｃの組合せ，又は，Ａ，Ｂ，Ｃを数値で表したものに基づいて総括し，その結果を小学校では３段階，中学校では５段階で表す。

　Ａ，Ｂ，Ｃの組合せから評定に総括する場合，各観点とも同じ評価がそろう場合は，小学校については，「ＢＢＢ」であれば２を基本としつつ，「ＡＡＡ」であれば３，「ＣＣＣ」であれば１とするのが適当であると考えられる。中学校については，「ＢＢＢ」であれば３を基本としつつ，「ＡＡＡ」であれば５又は４，「ＣＣＣ」であれば２又は１とするのが適当であると考えられる。それ以外の場合は，各観点のＡ，Ｂ，Ｃの数の組合せから適切に評定することができるようあらかじめ各学校において決めておく必要がある。

　なお，観点別学習状況の評価結果は，「十分満足できる」状況と判断されるものをＡ，「おおむね満足できる」状況と判断されるものをＢ，「努力を要する」状況と判断されるものをＣのように表されるが，そこで表された学習の実現状況には幅があるため，機械的に評定を算出することは適当ではない場合も予想される。

　また，評定は，小学校については，小学校学習指導要領等に示す各教科の目標に照らして，その実現状況を「十分満足できる」状況と判断されるものを３，「おおむね満足できる」状況と判断されるものを２，「努力を要する」状況と判断されるものを１，中学校については，中学校学習指導要領等に示す各教科の目標に照らして，その実現状況を「十分満足できるもののうち，特に程度が高い」状況と判断されるものを５，「十分満足できる」状況と判断されるものを４，「おおむね満足できる」状況と判断されるものを３，「努力を要する」状況と判断されるものを２，「一層努力を要する」状況と判断されるものを１という数値で表される。しかし，この数値を児童生徒の学習状況について三つ（小学校）又は五つ（中学校）に分類したものとして捉えるのではなく，常にこの結果の背景にある児童生徒の具体的な学習の実現状況を思い描き，適切に捉えることが大切である。評定への総括に当たっては，このようなことも十分に検討する必要がある[13]。

　なお，各学校では観点別学習状況の評価の観点ごとの総括及び評定への総括の考え

---

[13] 改善等通知では，「評定は各教科の学習の状況を総括的に評価するものであり，『観点別学習状況』において掲げられた観点は，分析的な評価を行うものとして，各教科の評定を行う場合において基本的な要素となるものであることに十分留意する。その際，評定の適切な決定方法等については，各学校において定める。」と示されている。(P.7，8参照)

方や方法について，教師間で共通理解を図り，児童生徒及び保護者に十分説明し理解を得ることが大切である。

2 総合的な学習の時間における評価規準の作成及び評価の実施等について
（1）総合的な学習の時間の「評価の観点」について

　平成29年改訂学習指導要領では，各教科等の目標や内容を「知識及び技能」，「思考力，判断力，表現力等」，「学びに向かう力，人間性等」の資質・能力の三つの柱で再整理しているが，このことは総合的な学習の時間においても同様である。

　総合的な学習の時間においては，学習指導要領が定める目標を踏まえて各学校が目標や内容を設定するという総合的な学習の時間の特質から，各学校が観点を設定するという枠組みが維持されている。一方で，各学校が目標や内容を定める際には，学習指導要領において示された以下について考慮する必要がある。

【各学校において定める目標】

・　各学校において定める目標については，各学校における教育目標を踏まえ，総合的な学習の時間を通して育成を目指す資質・能力を示すこと。　　（第2の3(1)）

　総合的な学習の時間を通して育成を目指す資質・能力を示すとは，各学校における教育目標を踏まえて，各学校において定める目標の中に，この時間を通して育成を目指す資質・能力を，三つの柱に即して具体的に示すということである。

【各学校において定める内容】

・　探究課題の解決を通して育成を目指す具体的な資質・能力については，次の事項に配慮すること。

　ア　知識及び技能については，他教科等及び総合的な学習の時間で習得する知識及び技能が相互に関連付けられ，社会の中で生きて働くものとして形成されるようにすること。

　イ　思考力，判断力，表現力等については，課題の設定，情報の収集，整理・分析，まとめ・表現などの探究的な学習の過程において発揮され，未知の状況において活用できるものとして身に付けられるようにすること。

　ウ　学びに向かう力，人間性等については，自分自身に関すること及び他者や社会との関わりに関することの両方の視点を踏まえること。　　（第2の3(6)）

　各学校において定める内容について，今回の改訂では新たに，「目標を実現するにふさわしい探究課題」，「探究課題の解決を通して育成を目指す具体的な資質・能力」の二つを定めることが示された。「探究課題の解決を通して育成を目指す具体的な資質・能力」とは，各学校において定める目標に記された資質・能力を，各探究課題に即して具体的に示したものであり，教師の適切な指導の下，児童生徒が各探究課題の解決に取り組む中で，育成することを目指す資質・能力のことである。この具体的な資質・能力も，「知識及び技能」，「思考力，判断力，表現力等」，「学びに向かう力，人間性等」という

資質・能力の三つの柱に即して設定していくことになる。

このように，各学校において定める目標と内容には，三つの柱に沿った資質・能力が明示されることになる。

したがって，資質・能力の三つの柱で再整理した新学習指導要領の下での指導と評価の一体化を推進するためにも，評価の観点についてこれらの資質・能力に関わる「知識・技能」，「思考・判断・表現」，「主体的に学習に取り組む態度」の３観点に整理し示したところである。

（２）総合的な学習の時間の「内容のまとまり」の考え方

学習指導要領の第２の２では，「各学校においては，第１の目標を踏まえ，各学校の総合的な学習の時間の内容を定める。」とされており，各教科のようにどの学年で何を指導するのかという内容を明示していない。これは，各学校が，学習指導要領が定める目標の趣旨を踏まえて，地域や学校，児童生徒の実態に応じて，創意工夫を生かした内容を定めることが期待されているからである。

この内容の設定に際しては，前述したように「目標を実現するにふさわしい探究課題」，「探究課題の解決を通して育成を目指す具体的な資質・能力」の二つを定めることが示され，探究課題としてどのような対象と関わり，その探究課題の解決を通して，どのような資質・能力を育成するのかが内容として記述されることになる。（図７参照）

図７

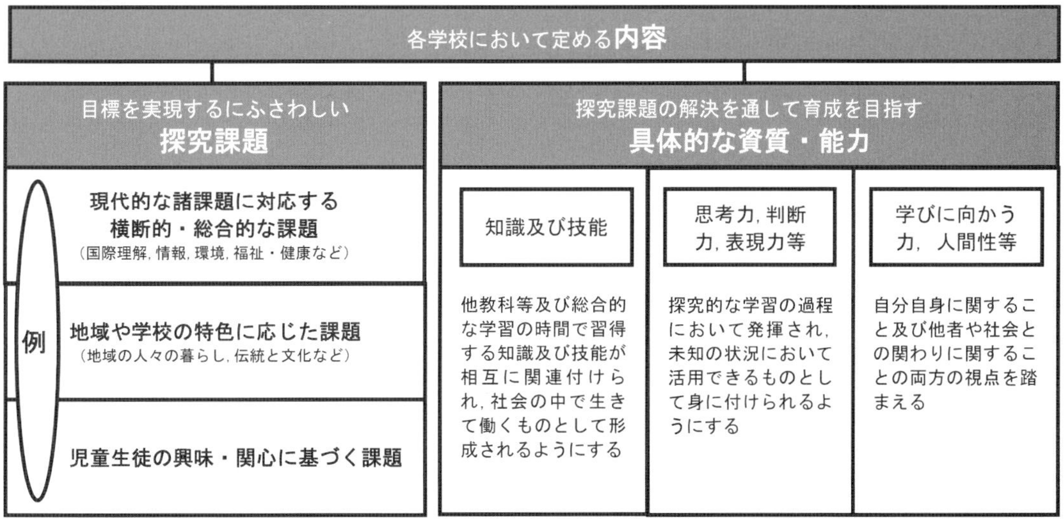

本参考資料第１編第２章の１（２）では，「内容のまとまり」について，「学習指導要領に示す各教科等の『第２　各学年の目標及び内容　２　内容』の項目等をそのまとまりごとに細分化したり整理したりしたもので，『内容のまとまり』ごとに育成を目指す資質・能力が示されている」と説明されている。

したがって，総合的な学習の時間における「内容のまとまり」とは，全体計画に示した「目標を実現するにふさわしい探究課題」のうち，一つ一つの探究課題とその探究課題に応じて定めた具体的な資質・能力と考えることができる。

（3）「内容のまとまりごとの評価規準」を作成する際の基本的な手順

　　総合的な学習の時間における，「内容のまとまりごとの評価規準」を作成する際の基本的な手順は以下のとおりである。

> ①　各学校において定めた目標（第2の1）と「評価の観点及びその趣旨」を確認する。
>
> ②　各学校において定めた内容の記述（「内容のまとまり」として探究課題ごとに作成した「探究課題の解決を通して育成を目指す具体的な資質・能力」）が，観点ごとにどのように整理されているかを確認する。
>
> ③【観点ごとのポイント】を踏まえ，「内容のまとまりごとの評価規準」を作成する。

3　特別活動の「評価の観点」とその趣旨，並びに評価規準の作成及び評価の実施等について

（1）特別活動の「評価の観点」とその趣旨について

　　特別活動においては，改善等通知において示されたように，特別活動の特質と学校の創意工夫を生かすということから，設置者ではなく，「各学校で評価の観点を定める」ものとしている。本参考資料では「評価の観点」とその趣旨の設定について示している。

（2）特別活動の「内容のまとまり」

　　小学校においては，学習指導要領の内容の〔学級活動〕「（1）学級や学校における生活づくりへの参画」，「（2）日常の生活や学習への適応と自己の成長及び健康安全」，「（3）一人一人のキャリア形成と自己実現」，〔児童会活動〕，〔クラブ活動〕，〔学校行事〕（1）儀式的行事，（2）文化的行事，（3）健康安全・体育的行事，（4）遠足・集団宿泊的行事，（5）勤労生産・奉仕的行事を「内容のまとまり」とした。

　　中学校においては，学習指導要領の内容の〔学級活動〕「（1）学級や学校における生活づくりへの参画」，「（2）日常の生活や学習への適応と自己の成長及び健康安全」，「（3）一人一人のキャリア形成と自己実現」，〔生徒会活動〕，〔学校行事〕（1）儀式的行事，（2）文化的行事，（3）健康安全・体育的行事，（4）旅行・集団宿泊的行事，（5）勤労生産・奉仕的行事を「内容のまとまり」とした。

（3）特別活動の「評価の観点」とその趣旨，並びに「内容のまとまりごとの評価規準」を作成する際の基本的な手順

　　各学校においては，学習指導要領に示された特別活動の目標及び内容を踏まえ，自校の実態に即し，改善等通知の例示を参考に観点を作成する。その際，例えば，特別活動の特質や学校として重点化した内容を踏まえて，具体的な観点を設定することが考えられる。

　また，学習指導要領解説では，各活動・学校行事の内容ごとに育成を目指す資質・能力が例示されている。そこで，学習指導要領で示された「各活動・学校行事の目標」及び学習指導要領解説で例示された「資質・能力」を確認し，各学校の実態に合わせて育成を目指す資質・能力を重点化して設定する。

　次に，各学校で設定した，各活動・学校行事で育成を目指す資質・能力を踏まえて，「内容のまとまりごとの評価規準」を作成する。その際，小学校の学級活動においては，学習指導要領で示した「各学年段階における配慮事項」や，学習指導要領解説に示した「発達の段階に即した指導のめやす」を踏まえて，低・中・高学年ごとに評価規準を作成することが考えられる。基本的な手順は以下のとおりである。

①　学習指導要領の「特別活動の目標」と改善等通知を確認する。
②　学習指導要領の「特別活動の目標」と自校の実態を踏まえ，改善等通知の例示を参考に，特別活動の「評価の観点」とその趣旨を設定する。
③　学習指導要領の「各活動・学校行事の目標」及び学習指導要領解説特別活動編（平成29年7月）で例示した「各活動・学校行事における育成を目指す資質・能力」を参考に，各学校において育成を目指す資質・能力を重点化して設定する。
④　【観点ごとのポイント】を踏まえ，「内容のまとまりごとの評価規準」を作成する。

（参考）平成 23 年「評価規準の作成，評価方法等の工夫改善のための参考資料」からの
**　　　　変更点について**

　今回作成した本参考資料は，平成 23 年の「評価規準の作成，評価方法等の工夫改善のための参考資料」を踏襲するものであるが，以下のような変更点があることに留意が必要である[14]。

　まず，平成 23 年の参考資料において使用していた「評価規準に盛り込むべき事項」や「評価規準の設定例」については，報告において「現行の参考資料のように評価規準を詳細に示すのではなく，各教科等の特質に応じて，学習指導要領の規定から評価規準を作成する際の手順を示すことを基本とする」との指摘を受け，第 2 編において示すことを改め，本参考資料の第 3 編における事例の中で，各教科等の事例に沿った評価規準を例示したり，その作成手順等を紹介したりする形に改めている。

　次に，本参考資料の第 2 編に示す「内容のまとまりごとの評価規準」は，平成 23 年の「評価規準の作成，評価方法等の工夫改善のための参考資料」において示した「評価規準に盛り込むべき事項」と作成の手順を異にする。具体的には，「評価規準に盛り込むべき事項」は，平成 20 年改訂学習指導要領における各教科等の目標，各学年（又は分野）の目標及び内容の記述を基に，学習評価及び指導要録の改善通知で示している各教科等の評価の観点及びその趣旨，学年（又は分野）別の評価の観点の趣旨を踏まえて作成したものである。

　また，平成 23 年の参考資料では「評価規準に盛り込むべき事項」をより具体化したものを「評価規準の設定例」として示している。「評価規準の設定例」は，原則として，学習指導要領の各教科等の目標，学年（又は分野）別の目標及び内容のほかに，当該部分の学習指導要領解説（文部科学省刊行）の記述を基に作成していた。他方，本参考資料における「内容のまとまりごとの評価規準」については，平成 29 年改訂の学習指導要領の目標及び内容が育成を目指す資質・能力に関わる記述で整理されたことから，既に確認のとおり，そこでの「内容のまとまり」ごとの記述を，文末を変換するなどにより評価規準とすることを可能としており，学習指導要領の記載と表裏一体をなす関係にあると言える。

　さらに，「主体的に学習に取り組む態度」の「各教科等・各学年等の評価の観点の趣旨」についてである。前述のとおり，従前の「関心・意欲・態度」の観点から「主体的に学習に取り組む態度」の観点に改められており，「主体的に学習に取り組む態度」の観点に関しては各学年（又は分野）の「1　目標」を参考にしつつ，必要に応じて，改善等通知別紙 4 に示された学年（又は分野）別の評価の観点の趣旨のうち「主体的に学習に取り組む態度」に関わる部分を用いて「内容のまとまりごとの評価規準」を作成する必要がある。

---

[14] 特別活動については，これまでも三つの観点に基づいて児童生徒の資質・能力の育成を目指し，指導に生かしてきたところであり，上記の変更点に該当するものではないことに留意が必要である。

報告にあるとおり，「主体的に学習に取り組む態度」は，現行の「関心・意欲・態度」の観点の本来の趣旨であった，各教科等の学習内容に関心をもつことのみならず，よりよく学ぼうとする意欲をもって学習に取り組む態度を評価することを改めて強調するものである。また，本観点に基づく評価としては，「主体的に学習に取り組む態度」に係る各教科等の評価の観点の趣旨に照らし，

① 知識及び技能を獲得したり，思考力，判断力，表現力等を身に付けたりすることに向けた粘り強い取組を行おうとする側面と，

② ①の粘り強い取組を行う中で，自らの学習を調整しようとする側面，

という二つの側面を評価することが求められるとされた[15]。

以上の点から，今回の改善等通知で示した「主体的に学習に取り組む態度」の「各教科等・各学年等の評価の観点の趣旨」は，平成 22 年通知で示した「関心・意欲・態度」の「各教科等・各学年等の評価の観点の趣旨」から改められている。

---

[15] 各教科等によって，評価の対象に特性があることに留意する必要がある。例えば，体育・保健体育科の運動に関する領域においては，公正や協力などを，育成する「態度」として学習指導要領に位置付けており，各教科等の目標や内容に対応した学習評価が行われることとされている。

第2編

「内容のまとまりごとの評価規準」
を作成する際の手順

1　小学校家庭科の「内容のまとまり」

小学校家庭科における「内容のまとまり」は，以下のようになっている。

「A　家族・家庭生活」(1) 自分の成長と家族・家庭生活

「A　家族・家庭生活」(2) 家庭生活と仕事

「A　家族・家庭生活」(3) 家族や地域の人々との関わり

「A　家族・家庭生活」(4) 家族・家庭生活についての課題と実践

「B　衣食住の生活」(1) 食事の役割

「B　衣食住の生活」(2) 調理の基礎

「B　衣食住の生活」(3) 栄養を考えた食事

「B　衣食住の生活」(4) 衣服の着用と手入れ

「B　衣食住の生活」(5) 生活を豊かにするための布を用いた製作

「B　衣食住の生活」(6) 快適な住まい方

「C　消費生活・環境」(1) 物や金銭の使い方と買物

「C　消費生活・環境」(2) 環境に配慮した生活

2 小学校家庭科における「内容のまとまりごとの評価規準」作成の手順

ここでは，内容「B 衣食住の生活」の (6) 快適な住まい方 を取り上げて，「内容のまとまりごとの評価規準」作成の手順を説明する。

まず，学習指導要領に示された教科の目標を踏まえて，「評価の観点及びその趣旨」が作成されていることを理解する。その上で，①及び②の手順を踏む。

＜例 内容「B 衣食住の生活」の (6) 快適な住まい方＞

【小学校学習指導要領 第2章 第8節 家庭「第1 目標」】

生活の営みに係る見方・考え方を働かせ，衣食住などに関する実践的・体験的な活動を通して，生活をよりよくしようと工夫する資質・能力を次のとおり育成することを目指す。

（1）	（2）	（3）
家族や家庭，衣食住，消費や環境などについて，日常生活に必要な基礎的な理解を図るとともに，それらに係る技能を身に付けるようにする。	日常生活の中から問題を見いだして課題を設定し，様々な解決方法を考え，実践を評価・改善し，考えたことを表現するなど，課題を解決する力を養う。	家庭生活を大切にする心情を育み，家族や地域の人々との関わりを考え，家族の一員として，生活をよりよくしようと工夫する実践的な態度を養う。

（小学校学習指導要領 P.136）

【改善等通知 別紙4 家庭，技術・家庭（1）評価の観点及びその趣旨 ＜小学校 家庭＞】

知識・技能	思考・判断・表現	主体的に学習に取り組む態度
日常生活に必要な家族や家庭，衣食住，消費や環境などについて理解しているとともに，それらに係る技能を身に付けている。	日常生活の中から問題を見いだして課題を設定し，様々な解決方法を考え，実践を評価・改善し，考えたことを表現するなどして課題を解決する力を身に付けている。	家族の一員として，生活をよりよくしようと，課題の解決に主体的に取り組んだり，振り返って改善したりして，生活を工夫し，実践しようとしている。

（改善等通知 別紙4 P.18）

※今回の改訂では，これまでの学年の目標を整理し，教科の目標としてまとめて示している。

① 各教科における「内容のまとまり」と「評価の観点」との関係を確認する。

B 衣食住の生活

(6) 快適な住まい方

次の (1) から (6) までの項目について，課題をもって，健康・快適・安全で豊かな食生活，衣生活，住生活に向けて考え，工夫する活動を通して，次の事項を身に付けることができるよう指導する。

ア 次のような知識及び技能を身に付けること。

(ア) 住まいの主な働きが分かり，季節の変化に合わせた生活の大切さや住まい方について理解すること。

(イ) 住まいの整理・整頓や清掃の仕方を理解し，適切にできること。

イ 季節の変化に合わせた住まい方，整理・整頓や清掃の仕方を考え，快適な住まい方を工夫すること。

　(下線)…知識及び技能に関する内容

　(波線)…思考力，判断力，表現力等に関する内容

※「A家族・家庭生活」の (1)「自分の成長と家族・家庭生活」及び (4)「家族・家庭生活についての課題と実践」については，指導事項アのみで構成されている。(1) の評価の観点については，「知識・技能」及び「主体的に学習に取り組む態度」，(4) の評価の観点については，家庭や地域などで実践を行い，課題を解決する力を養うことから，「思考・判断・表現」及び「主体的に学習に取り組む態度」であることに留意する。

② 【観点ごとのポイント】を踏まえ，「内容のまとまりごとの評価規準」を作成する。

（1）「内容のまとまりごとの評価規準」を作成する際の【観点ごとのポイント】

○ 「知識・技能」のポイント

・「知識・技能」については，基本的には，当該指導項目で育成を目指す資質・能力に該当する指導事項アについて，その文末を，「〜を（〜について）理解している」，「〜を（〜について）理解しているとともに，適切にできる」として，評価規準を作成する。

※ 「A家族・家庭生活」の（1）については，その文末を「〜に気付いている」として，評価規準を作成する。

○ 「思考・判断・表現」のポイント

・「思考・判断・表現」については，教科の目標の(2)に示されている学習過程に沿って，「課題を解決する力」が身に付いているのかを評価することになる。基本的には，当該指導項目で育成を目指す資質・能力に該当する指導事項イについて，その文末を教科の評価の観点及びその趣旨に基づき，「〜について問題を見いだして課題を設定し，様々な解決方法を考え，実践を評価・改善し，考えたことを表現するなどして課題を解決する力を身に付けている」として，評価規準を作成する。

○ 「主体的に学習に取り組む態度」のポイント

・「主体的に学習に取り組む態度」については，基本的には，当該指導項目で扱う指導事項ア及びイと教科の目標，評価の観点及びその趣旨を踏まえて作成する。その際，対象とする指導内容は，指導項目の名称を用いて示すこととする。具体的には，①粘り強さ（知識及び技能を獲得したり，思考力，判断力，表現力等を身に付けたりすることに向けた粘り強い取組を行おうとする側面），②自らの学習の調整（①の粘り強い取組を行う中で，自らの学習を調整しようとする側面）に加え，③実践しようとする態度を含めることを基本とし，その文末を「〜について，課題の解決に向けて主体的に取り組んだり（①），振り返って改善したり（②）して，生活を工夫し，実践しようとしている（③）」として，評価規準を作成する。

（2）学習指導要領の「1　内容」 及び 「内容のまとまりごとの評価規準（例）」

	知識及び技能	思考力，判断力，表現力等	学びに向かう力，人間性等
学習指導要領 1 内容	ア　次のような知識及び技能を身に付けること。 （ア）　住まいの主な働きが分かり，季節の変化に合わせた生活の大切さや住まい方について理解すること。 （イ）　住まいの整理・整頓や清掃の仕方を理解し，適切にできること。	イ　季節の変化に合わせた住まい方，整理・整頓や清掃の仕方を考え，快適な住まい方を工夫すること。	※内容には，学びに向かう力，人間性等について示されていないことから，教科の目標（3）を参考にする。

	知識・技能	思考・判断・表現	主体的に学習に取り組む態度
内容のまとまりごとの評価規準（例）	・住まいの主な働きが分かり，季節の変化に合わせた生活の大切さや住まい方について理解している。 ・住まいの整理・整頓や清掃の仕方を理解しているとともに，適切にできる。	季節の変化に合わせた住まい方，整理・整頓や清掃の仕方について問題を見いだして課題を設定し，様々な解決方法を考え，実践を評価・改善し，考えたことを表現するなどして課題を解決する力を身に付けている。	家族の一員として，生活をよりよくしようと，快適な住まい方について，課題の解決に向けて主体的に取り組んだり，振り返って改善したりして，生活を工夫し，実践しようとしている。 ※必要に応じて教科の評価の観点及びその趣旨のうち「主体的に学習に取り組む態度」に関わる部分を用いて作成する。

第3編

題材ごとの学習評価について

（事例）

第1章 「内容のまとまりごとの評価規準」の考え方を踏まえた評価規準の作成

1 本編事例における学習評価の進め方について

　題材における観点別学習状況の評価を実施するに当たり，まずは年間の指導と評価の計画を確認することが重要である。その上で，学習指導要領の目標や内容，「内容のまとまりごとの評価規準」の考え方等を踏まえ，以下のように進めることが考えられる。なお，複数の題材にわたって評価を行う場合など，以下の方法によらない事例もあることに留意する必要がある。

評価の進め方	留意点
1　題材の目標を作成する	○　学習指導要領の目標や内容，学習指導要領解説等を踏まえて作成する。 ○　児童の実態，前題材までの学習状況等を踏まえて作成する。 ※　題材の目標及び評価規準の関係性（イメージ）については下図参照 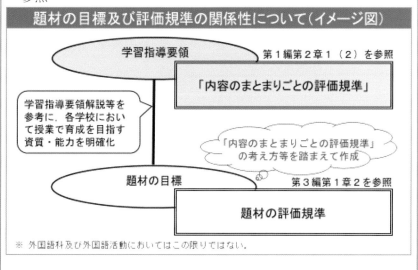
2　題材の評価規準を作成する	
3　「指導と評価の計画」を作成する	○　**1，2**を踏まえ，評価場面や評価方法等を計画する。 ○　どのような評価資料（児童の反応やノート，ワークシート，作品等）を基に，「おおむね満足できる」状況（Ｂ）と評価するかを考えたり，「努力を要する」状況（Ｃ）への手立て等を考えたりする。
授業を行う	○　**3**に沿って観点別学習状況の評価を行い，児童の学習改善や教師の指導改善につなげる。
4　観点ごとに総括する	○　集めた評価資料やそれに基づく評価結果などから，観点ごとの総括的評価（Ａ，Ｂ，Ｃ）を行う。

2　題材の評価規準の作成のポイント

　家庭科では，学習指導要領の各項目に示される指導内容を指導単位にまとめて組織して題材を構成し，教科目標の実現を目指している。題材の設定に当たっては，各項目及び各項目に示す指導事項との関連を見極め，相互に有機的な関連を図り，系統的及び総合的に学習が展開されるよう配慮するとともに，各項目に配当する授業時数と履修学年については，児童や学校，地域の実態等に応じて，各学校において適切に定めることとしている。そのため，実際の指導に当たっては，履修学年を踏まえて，「題材の目標」及び「題材の評価規準」を作成した上で，学習指導要領解説（以下「解説」）の記述を参考にするなどして，「題材の評価規準」を学習活動に即して具体化することが必要となる。

　本事例編では，「内容のまとまりごとの評価規準」の考え方を踏まえた，「題材の目標」及び「題材の評価規準」の作成の仕方等について，事例1　題材「おいしく作ろう　伝統的な日常食　ごはんとみそ汁（第5学年）」を例として示す。

（1）題材の検討

　学習指導要領に基づき，解説に示された配慮事項及び各内容の特質を踏まえるとともに，児童の発達の段階等に応じて，効果的な学習が展開できるよう，内容「A家族・家庭生活」から「C消費生活・環境」までの各内容項目や指導事項の相互の関連を図ることが大切である。その上で，指導する内容に関係する学校，地域の実態，児童の興味・関心や学習経験を踏まえ，より身近な題材を設定するよう配慮する。

【題材を検討する際の配慮事項等の例】

　参考資料P44　事例1　「B衣食住の生活」の「食生活」における（2）「調理の基礎」の2学年間を見通した題材配列と指導内容を参照

【設定した題材の例】

> 　題材名　おいしく作ろう　伝統的な日常食　ごはんとみそ汁（第5学年）

（2）題材の目標の設定

　題材の目標は，学習指導要領に示された教科の目標並びに題材で指導する項目及び指導事項を踏まえて設定する。

　なお，以下に示した目標は，参考資料P44　事例1「B衣食住の生活」の「食生活」における（2）「調理の基礎」の2学年間を見通した題材配列と指導内容を参照し，「B衣食住の生活」の(1)「食事の役割」のア，(2)「調理の基礎」のアの(ア)，(ウ)，(オ)及びイの指導事項の関連を図って設定している。

【題材　「おいしく作ろう　伝統的な日常食　ごはんとみそ汁（第5学年）」の目標の例】

> （1）食事の役割と食事の大切さ，我が国の伝統的な配膳，伝統的な日常食である米飯及びみそ汁の調理の仕方について理解するとともに，それらに係る技能を身に付ける。
>
> （2）おいしく食べるために米飯及びみそ汁の調理計画や調理の仕方について問題を見いだし

て課題を設定し，様々な解決方法を考え，実践を評価・改善し，考えたことを表現するな
どして課題を解決する力を身に付ける。

(3) 家族の一員として，生活をよりよくしようと，食事の役割，伝統的な日常食である米飯及
びみそ汁の調理について，課題の解決に向けて主体的に取り組んだり，振り返って改善した
りして，生活を工夫し，実践しようとする。

（3）題材の評価規準の設定

　題材の評価規準は，「内容のまとまりごとの評価規準（例）」から題材において指導する項目及び
指導事項に関係する部分を抜き出し，評価の観点ごとに整理・統合，具体化するなどして作成する。
　以下は，題材「おいしく作ろう　伝統的な日常食　ごはんとみそ汁を作ろう（第5学年）」の「題
材の評価規準」であり，「B衣食住の生活」の(1)「食事の役割」のアと(2)「調理の基礎」のアの
(ｱ)，(ｳ)，(ｵ)及びイの「内容のまとまりごとの評価規準(例)」を参考に設定している。

【題材「おいしく作ろう　伝統的な日常食　ごはんとみそ汁（第5学年）」の評価規準の検討例】

	知識・技能	思考・判断・表現	主体的に学習に取り組む態度
内容のまとまりごとの評価規準(例)	B(1)ア　食事の役割が分かり，日常の食事の大切さと食事の仕方について理解している。		家族の一員として，生活をよりよくしようと，食事の役割について，課題の解決に向けて主体的に取り組んだり，振り返って改善したりして，生活を工夫し，実践しようとしている。
	B(2)ア(ｱ)　調理に必要な材料の分量や手順が分かり，調理計画について理解している。　B(2)ア(ｳ)　材料に応じた洗い方，調理に適した切り方，味の付け方，盛り付け，配膳及び後片付けを理解しているとともに，適切にできる。　B(2)ア(ｵ)　伝統的な日常食である米飯及びみそ汁の調理の仕方を理解しているとともに，適切にできる。	B(2)イ　おいしく食べるために調理計画や調理の仕方について問題を見いだして課題を設定し，様々な解決方法を考え，実践を評価・改善し，考えたことを表現するなどして課題を解決する力を身に付けている。	家族の一員として，生活をよりよくしようと，調理の基礎について，課題の解決に向けて主体的に取り組んだり，振り返って改善したりして，生活を工夫し，実践しようとしている。

題材の評価規準	・食事の役割が分かり，日常の食事の大切さについて理解している。 ・調理に必要な材料の分量や手順が分かり，調理計画について理解している。 ・我が国の伝統的な配膳の仕方について理解しているとともに，適切にできる。 ・伝統的な日常食である米飯及びみそ汁の調理の仕方を理解しているとともに，適切にできる。	おいしく食べるために米飯及びみそ汁の調理計画や調理の仕方について問題を見いだして課題を設定し，様々な解決方法を考え，実践を評価・改善し，考えたことを表現するなどして課題を解決する力を身に付けている。	家族の一員として，生活をよりよくしようと，食事の役割，伝統的な日常食である米飯及びみそ汁の調理の仕方について，課題の解決に向けて主体的に取り組んだり，振り返って改善したりして，生活を工夫し，実践しようとしている。

※　下線部は「内容のまとまりごとの評価規準（例）」と「題材の評価規準」の記載が異なる部分を示す。なお，「内容のまとまりごとの評価規準（例）」に記載されているが，「題材の評価規準」に記載されていない部分については，参考資料P44　事例1「B衣食住の生活」の「食生活」における(2)「調理の基礎」の2学年間を見通した題材配列と指導内容を参照しており，本題材で重点を置くもの（◎）に留意して評価規準を作成している。

（4）題材の評価規準の学習活動に即した具体化の検討

①「内容のまとまりごとの評価規準（例）」の具体化の検討

　家庭科の授業において評価を行う際には，学習指導要領における各内容の各項目及び指導事項が2学年をまとめて示されていることから，「題材の評価規準」を学習活動に即して具体化する必要がある。

　そこで，「題材の評価規準」の基となっている「内容のまとまりごとの評価規準（例）」を，次のポイントに留意して具体化する。

【「『内容のまとまりごとの評価規準（例）』を具体化した例」を作成する際のポイント】

○「知識・技能」のポイント
　・「知識・技能」については，「内容のまとまりごとの評価規準」の作成において述べたように，その文末を，「〜を（〜について）理解している」，「〜を（〜について）理解しているとともに，適切にできる」として，評価規準を作成する。
　※「A家族・家庭生活」の(1)については，その文末を「〜に気付いている」として，評価規準を作成する。

○「思考・判断・表現」のポイント
　・「思考・判断・表現」については，基本的には，「内容のまとまりごとの評価規準」の作成に

おいて述べたように，教科の目標の（2）に示されている学習過程に沿って，各題材において，次に示す四つの評価規準を設定し，評価することが考えられる。ただし，これらの評価規準は，各題材の構成に応じて適切に位置付けることに留意する必要がある。

・具体的には，①日常生活の中から問題を見いだし，解決すべき課題を設定する力については，その文末を「～について問題を見いだして課題を設定している」，②課題解決の見通しをもって計画を立てる際，生活課題について自分の生活経験と関連付け，様々な解決方法を考える力については，その文末を「～について（実践に向けた計画を）考え，工夫している」，③課題の解決に向けて実践した結果を評価・改善する力については，その文末を「～について，実践を評価したり，改善したりしている」，④計画や実践について評価・改善する際に，考えたことを分かりやすく表現する力については，その文末を「～についての課題解決に向けた一連の活動について，考えたことを分かりやすく表現している」として，評価規準を設定することができる。

○「主体的に学習に取り組む態度」のポイント

・「主体的に学習に取り組む態度」については，「思考・判断・表現」と同様に，基本的には，「内容のまとまりごとの評価規準」の作成において述べたように，各題材の学習過程において三つの側面から評価規準を設定し，評価することが考えられる。ただし，これらの評価規準は，各題材の構成に応じて適切に位置付けることに留意する必要がある。

・具体的には，①粘り強さについては，その文末を「～について，課題の解決に向けて主体的に取り組もうとしている」，②自らの学習の調整については，その文末を「～について，課題解決に向けた一連の活動を振り返って改善しようとしている」として，評価規準を設定することができる。③実践しようとする態度については，その文末を「～について工夫し，実践しようとしている」として，評価規準を設定することができる。

上記作成する際のポイントにしたがって，「Ｂ衣食住の生活」の(2)「調理の基礎」の『内容のまとまりごとの評価規準（例）』を具体化した例」を示す。

【「Ｂ衣食住の生活」の(2)「調理の基礎」】

	知識・技能	思考・判断・表現	主体的に学習に取り組む態度
内容のまとまりごとの	・調理に必要な材料の分量や手順が分かり，調理計画について理解している。 ・調理に必要な用具や食器の安全で衛生的な取扱い及び加熱用調理器具の安全な取扱いについて理解しているとともに，適切に使用できる。 ・材料に応じた洗い方，調理	・おいしく食べるために調理計画や調理の仕方について問題を見いだして課題を設定している。 ・おいしく食べるために調理計画や調理の仕方について考え，工夫している。 ・おいしく食べるために調理計画や調理の仕方について，実践を評価したり，改	・家族の一員として，生活をよりよくしようと，調理の基礎について，課題の解決に向けて主体的に取り組もうとしている。 ・家族の一員として，生活をよりよくしようと，調理の基礎について，課題解決に向けた一連の活動を振り返って改善しようとしてい

| 評価規準（例）を具体化した例 | に適した切り方，味の付け方，盛り付け，配膳及び後片付けを理解しているとともに，適切にできる。
・材料に適したゆで方，いため方を理解しているとともに，適切にできる。
・伝統的な日常食である米飯及びみそ汁の調理の仕方を理解しているとともに，適切にできる。
　・だしのとり方
　・実の切り方
　・実の入れ方
　・みその扱い方 | 善したりしている。
・おいしく食べるために調理計画や調理の仕方についての課題解決に向けた一連の活動について，考えたことを分かりやすく表現している。 | る。
・家族の一員として，生活をよりよくしようと，調理の基礎について工夫し，実践しようとしている。 |

② 題材の評価規準を学習活動に即して具体化

上記に示した「B衣食住の生活」の(2)「調理の基礎」の「『内容のまとまりごとの評価規準（例）』を具体化した例」を基に，解説における記述等を参考に学習活動に即して，具体的な評価規準を設定する。以下は，事例1　題材「「おいしく作ろう　伝統的な日常食　ごはんとみそ汁（第5学年）」」を例に示したものである。

これらを設定することにより，授業の目標に照らして児童の学習状況を把握することができる。

	知識・技能	思考・判断・表現	主体的に学習に 取り組む態度
B (1)	・食事の役割が分かり，日常の食事の大切さについて理解している。		・伝統的な日常食である米飯及びみそ汁の調理の仕方について，課題の解決に向けて主体的に取り組もうとしている。
B (2)	・米飯の調理に必要な米や水の分量や計量，調理の仕方について理解しているとともに，適切にできる。 ・みそ汁の調理に必要な材料の分量や計量，調理の仕方について理解しているとともに，適切にできる。 ・我が国の伝統的な配膳の	・おいしく食べるために米飯及びみそ汁の調理の仕方について問題を見いだし課題を設定している。 ・おいしく食べるために米飯及びみそ汁の調理計画について考え，工夫している。 ・おいしく食べるために米飯及びみそ汁の調理計画や調理の仕方について，	・伝統的な日常食である米飯及びみそ汁の調理の仕方について，課題解決に向けた一連の活動を振り返って改善しようとしている。 ・伝統的な日常食である米飯及びみそ汁の調理の仕方について工夫し，実践

仕方について理解しているとともに，適切にできる。 ・米飯及びみそ汁が我が国の伝統的な日常食であることを理解している。	実践を評価したり，改善したりしている。 ・おいしく食べるために米飯及びみそ汁の調理計画や調理の仕方についての課題解決に向けた一連の活動について，考えたことを分かりやすく表現している。	しようとしている。

第２章　学習評価に関する事例について

1　事例の特徴

　第１編第１章２（４）で述べた学習評価の改善の基本的な方向性を踏まえつつ，平成29年改訂学習指導要領の趣旨・内容の徹底に資する評価の事例を示すことができるよう，本参考資料における事例は，原則として以下のような方針を踏まえたものとしている。

○　題材に応じた評価規準の設定から評価の総括までとともに，児童の学習改善及び教師の指導改善までの一連の流れを示している

　本参考資料で提示する事例は，いずれも，題材の評価規準の設定から評価の総括までとともに，評価結果を児童の学習改善や教師の指導改善に生かすまでの一連の学習評価の流れを念頭においたものである（事例の一つは，この一連の流れを特に詳細に示している）。なお，観点別の学習状況の評価については，「おおむね満足できる」状況，「十分満足できる」状況，「努力を要する」状況と判断した児童の具体的な状況の例などを示している。「十分満足できる」状況という評価になるのは，児童が実現している学習の状況が質的な高まりや深まりをもっていると判断されるときである。

○　観点別の学習状況について評価する時期や場面の精選について示している

　報告や改善等通知では，学習評価については，日々の授業の中で児童の学習状況を適宜把握して指導の改善に生かすことに重点を置くことが重要であり，観点別の学習状況についての評価は，毎回の授業ではなく原則として単元や題材など内容や時間のまとまりごとに，それぞれの実現状況を把握できる段階で行うなど，その場面を精選することが重要であることが示された。このため，観点別の学習状況について評価する時期や場面の精選について，「指導と評価の計画」の中で，具体的に示している。

○　評価方法の工夫を示している

　児童の反応やノート，ワークシート，作品等の評価資料をどのように活用したかなど，評価方法の多様な工夫について示している。

2　各事例概要一覧と事例

事例1　キーワード　指導と評価の計画から評価の総括まで，「知識・技能」の評価
「おいしく作ろう　伝統的な日常食　ごはんとみそ汁」（第5学年）

　本事例は，「B衣食住の生活」の(1)「食事の役割」のアと(2)「調理の基礎」のアの(ア)，(ウ)，(オ)及びイとの関連を図った題材である。伝統的な日常食である米飯及びみそ汁の調理について，おいしく作るための課題を設定し，解決に向けて取り組む一連の学習過程について，題材の指導と評価の計画を示すとともに，観点ごとの配慮事項，観点別評価の総括の考え方などを示している。調理の知識・技能については，技能の裏づけとなる知識について指導に生かす評価と記録に残す評価の機会を設定し，評価方法や評価の時期について示している。

事例2　キーワード　「思考・判断・表現」の評価
「冬のあったかエコライフを工夫しよう」（第5学年）

　本事例は，「B衣食住の生活」の(4)「衣服の着用と手入れ」アの(ア)「日常着の快適な着方」及びイと(6)「快適な住まい方」アの(ア)「季節の変化に合わせた住まい方」及びイ，「C消費生活・環境」の(2)「環境に配慮した生活」のア及びイとの関連を図った題材である。冬を暖かく快適に過ごすための着方や住まい方の課題を設定し，解決に向けて取り組む一連の学習過程における「思考・判断・表現」の評価方法や評価の時期について示している。

事例3　キーワード　A(4)に係る「思考・判断・表現」「主体的に学習に取り組む態度」の評価
「わが家の仕事大作戦　part3　〜家族で協力，わが家のお正月を気持ちよくむかえよう〜」
（第5学年）

　本事例は，「A家族・家庭生活」の(2)「家庭生活と仕事」に関する二つの題材の学習を基礎とし，「B衣食住の生活」，「C消費生活・環境」で学習した内容と関連を図って課題を設定し，課題の解決に取り組むAの(4)「家族・家庭生活についての課題と実践」の題材である。わが家のお正月を気持ちよく迎えるための家庭の仕事について，各自が課題を設定し，計画を立てて実践し，評価・改善する学習活動における「思考・判断・表現」及び「主体的に学習に取り組む態度」の評価方法や評価の時期について示している。

事例4　キーワード　複数題材にわたる「主体的に学習に取り組む態度」の評価
「地域の人に感謝の気持ちを伝えよう」（第6学年）

　本事例は，「A家族・家庭生活」の(3)「家族や地域の人々との関わり」アの(イ)及びイにおける高齢者など地域の人々との関わりに関する題材を扱った後に，その学習を基礎として，地域の人々との関わりを深めるために，グループで課題を設定し，計画を立てて実践するA(4)「家族・家庭生活についての課題と実践」に関する題材を続けて位置付けている。この二つの題材を通して，「主体的に学習に取り組む態度」を継続的に評価する方法や評価の時期について示している。

家庭科　　事例1

キーワード　指導と評価の計画から評価の総括まで，「知識・技能」の評価

題材名	内容のまとまり
おいしく作ろう 伝統的な日常食　ごはんとみそ汁	第5学年　「B衣食住の生活」(1)食事の役割 　　　　　　　　　　　　　　(2)調理の基礎

第3編
事例1

　この題材は，「B衣食住の生活」の(1)「食事の役割」のアと，(2)「調理の基礎」のアの(ア)，(ウ)，(オ)及びイとの関連を図っている。「おいしいごはんとみそ汁の作り方を探ろう」という課題を設定し，「健康」や「生活文化の大切さへの気付き」の視点から，伝統的な日常食である米飯やみそ汁の調理の仕方を身に付けるとともに，課題を解決する力や自分と家族の食生活をよりよくしようと工夫する実践的な態度，生活文化を大切にしようとする態度を育成することをねらいとしている。

　本事例は，下記の2学年間を見通した題材配列表の二つ目の題材であり，指導と評価の計画から評価の総括までと「知識・技能」の評価について具体的に示している。

「B衣食住の生活」の「食生活」における(2)「調理の基礎」の2学年間を見通した題材配列と指導内容

学年			第5学年		第6学年	
題材			1 ゆでて作ろう わたしの温野菜サラダ	2 おいしく作ろう 伝統的な日常食 ごはんとみそ汁	3 いためて作ろう　朝食のおかず	4 家族と食べよう　休日ランチ
時間			8	10	11	12
指導項目	(1)食事の役割			ア		ア　イ
	(2)調理の基礎		ア(ア)(イ)(ウ)(エ) イ	ア(ア)(ウ)(オ) イ	ア(ア)(イ)(ウ)(エ) イ	ア(ア)(ウ)(エ) イ
	(3)栄養を考えた食事		ア(ア)		ア(ア)(イ)(ウ) イ	ア(イ)(ウ) イ
	その他の内容					C(1) ア(イ)　イ
実習題材			青菜のおひたし ゆでじゃがいも 温野菜サラダ	米飯 みそ汁（大根，油あげ，ねぎ　他）	三色野菜いため オリジナル野菜いため	ゆでる調理，いためる調理
(2)調理の基礎	ア(ア)	材料の分量	◎	◎	○	○
		手順	◎	◎	○	○
		調理計画		◎	◎	◎
	ア(イ)	用具や食器の安全で衛生的な取扱い	○	○	◎	○
		加熱用調理器具の安全な取扱い	◎	○	○	○
	ア(ウ)	洗い方	◎			
		切り方	◎	○	◎	
		味の付け方			◎	○
		盛り付け			◎	◎
		配膳		◎		
		後片付け	◎		◎	
	ア(エ)	ゆで方	◎			◎
		いため方			◎	◎
	ア(オ)	米飯		◎ (米の洗い方，水加減，吸水時間，火加減，加熱時間)		
		みそ汁		◎ (だしのとり方，実の入れ方，みその扱い方)		

◎は重点を置くもの

1 題材の目標

(1) 食事の役割と食事の大切さ，我が国の伝統的な配膳の仕方，伝統的な日常食である米飯及びみそ汁の調理の仕方について理解するとともに，それらに係る技能を身に付ける。

(2) おいしく食べるために米飯及びみそ汁の調理計画や調理の仕方について問題を見いだして課題を設定し，様々な解決方法を考え，実践を評価・改善し，考えたことを表現するなどして課題を解決する力を身に付ける。

(3) 家族の一員として，生活をよりよくしようと，食事の役割，伝統的な日常食である米飯及びみそ汁の調理の仕方について，課題の解決に向けて主体的に取り組んだり，振り返って改善したりして，生活を工夫し，実践しようとする。

2 題材の評価規準

知識・技能	思考・判断・表現	主体的に学習に取り組む態度
・食事の役割が分かり，日常の食事の大切さについて理解している。 ・調理に必要な材料の分量や手順が分かり，調理計画について理解している。 ・我が国の伝統的な配膳の仕方について理解しているとともに，適切にできる。 ・伝統的な日常食である米飯及びみそ汁の調理の仕方を理解しているとともに，適切にできる。	おいしく食べるために米飯及びみそ汁の調理計画や調理の仕方について問題を見いだして課題を設定し，様々な解決方法を考え，実践を評価・改善し，考えたことを表現するなどして課題を解決する力を身に付けている。	家族の一員として，生活をよりよくしようと，食事の役割，伝統的な日常食である米飯及びみそ汁の調理の仕方について，課題の解決に向けて主体的に取り組んだり，振り返って改善したりして，生活を工夫し，実践しようとしている。

※37～38 ページ「題材の評価規準の設定」を参照する。

3 指導と評価の計画（10 時間）

〔1〕自分の食事を見つめよう　　　　　　　　　　　　　　　　　　　　　　1 時間
〔2〕おいしいごはんとみそ汁を作ろう　　　　　　　　　　　　　　　　　　5 時間
〔3〕家族と食べるおいしいごはんとオリジナルみそ汁を作ろう　　　　　　　4 時間

小題材	時間	ねらい・学習活動	評価規準・評価方法		
			知識・技能	思考・判断・表現	主体的に学習に取り組む態度
自分の食事を見つめよう	1	○食事の役割と日常の食事の大切さについて理解するとともに，米飯及びみそ汁が我が国の伝統的な日常食であることを理解することができる。 ・日常の食事を振り返り，食事の役割について話し合う。 ・外国の食卓と日本の食卓の写真を比較し，米飯とみそ汁を日常的に食べている理由や米飯とみそ汁のよさについて考える。	①食事の役割が分かり，日常の食事の大切さについて理解している。 ・**学習カード** ＊**ペーパーテスト** ②米飯及びみそ汁が我が国の伝統的な日常食であることを理解している。 ・**学習カード**		
	2	○米飯及びみそ汁の調理の仕方について問題を見いだし，おいしく食べるための課題を設定することができる。 ・DVDや家庭で調べてきたことをもとに，米飯とみそ汁の調理の仕方について，疑問に思ったことなどを発表する。 ・米飯（水加減が異なるもの）とみそ汁（だしの有無）を試食し，気		①おいしく食べるために米飯及びみそ汁の調理の仕方について問題を見いだして課題を設定している。 ・**行動観察** ・**学習カード**	

- 45 -

		学習活動			
お　い　し　い　ご　は　ん　と　み　そ　汁　を　作　ろ　う			・付いたことを発表する。 ・おいしく食べるために，米飯とみそ汁の調理の仕方について追究する課題を設定する。 ［おいしいごはんとみそ汁の作り方を探ろう］		
	3・4	○日本の伝統的な日常食である米飯の調理や配膳の仕方について理解し，適切に炊飯や配膳をすることができる。 ・グループで鍋を用いて炊飯し，米の変化を観察し，記録する。 ・みそ汁の絵カードとともに配膳し，試食する。 ・確認テストにより，米や水の分量，米飯の調理の仕方（炊飯の一連の手順）を振り返る。	③米飯の調理に必要な米や水の分量や計量，調理の仕方について理解しているとともに，適切にできる。 ・**学習カード** ・**行動観察** ④我が国の伝統的な配膳の仕方について理解しているとともに，適切にできる。 ・**米飯とみそ汁の配膳の写真**　　〔例1〕		①伝統的な日常食である米飯及びみそ汁の調理の仕方について，課題の解決に向けて主体的に取り組もうとしている。 ・**ポートフォリオ**　　　　〔例4〕 ・**行動観察**
	5・6	○日本の伝統的な日常食であるみそ汁の調理について理解し，適切に調理することができる（ペア調理）。 ・大根，油揚げ，ねぎのみそ汁の実の切り方や入れ方について，実験を観察し，考えたことを発表する。 ・だしのとり方を示範により確認する。 ・ペアでみそ汁を調理する。 ・確認テストにより，みそ汁の調理の仕方を振り返る。	⑤みそ汁の調理に必要な材料の分量や計量，調理の仕方について理解しているとともに，適切にできる。 ・**学習カード** ・**確認テスト**　　〔例2〕 ・**行動観察**	←　指導に生かす評価	
家　族　と　食　べ　る　お　い　し　い　ご　は　ん　と	7	○「家族と食べるおいしいごはんとオリジナルみそ汁」の「オリジナルみそ汁（試し作り）」の調理計画を考え，工夫することができる。 ・オリジナルみそ汁の条件を確認し，材料の分量，実の組み合わせや切り方を考える。 実の種類 ■加熱して柔らかくする必要があるもの（根菜類など） ■香りを大切にするもの（ねぎ，三つ葉など） ■温めるだけでよいもの（豆腐，わかめなど） ・調理台や加熱用調理器具の効率のよい使い方を確認し，各自が試し作りの調理計画を立てる。	※前時の行動観察や確認テストの結果を指導に生かす。		②おいしく食べるために米飯及びみそ汁の調理計画について考え，工夫している。 ・**調理計画・実践記録表**　　〔例3〕 ③おいしく食べるために米飯及びみそ汁の調理計画や調理の仕方について，実践を評価したり，改善したりしている。 ・**調理計画・実践記録表**　　〔例3〕 ※7，8，9時間

| オリジナルみそ汁を作ろう | 8・9 | ○オリジナルみそ汁の調理（試し作り）をすることができる（一人調理）。
・各自が調理計画に基づき，実習する（2人1組で実践交流し，相互評価する）。
・気付いたことを実践記録表に記入する。 | ⑤みそ汁の調理に必要な材料の分量や計量，調理の仕方について理解しているとともに，適切にできる。
・**行動観察**
・**調理計画・実践記録表** | 目で適切な評価場面を設定する。
［記録に残す評価］←

④おいしく食べるために米飯及びみそ汁の調理計画や調理の仕方についての課題解決に向けた一連の活動について，考えたことを分かりやすく表現している。
・**行動観察**
※7，8，9，10時間目で適切な評価場面を設定する。 | ②伝統的な日常食である米飯及びみそ汁の調理の仕方について，課題解決に向けた一連の活動を振り返って改善しようとしている。
・**ポートフォリオ**
・**調理計画・実践記録表**
・**行動観察**
③伝統的な日常食である米飯及びみそ汁の調理の仕方について工夫し，実践しようとしている。
・**ポートフォリオ**
・**調理計画・実践記録表**
・**行動観察** |
| | 10 | ○「家族と食べるおいしいごはんとオリジナルみそ汁」の調理計画を考え，工夫することができる。
・実習を振り返り，ペアで改善点を確認する。
・家庭で米飯とオリジナルみそ汁を一人で調理することを想定し，できあがりの時間を考え，調理計画を立てる。
・グループで交流し，調理計画を改善する。 | | | |

※ペーパーテストについては，ある程度の内容のまとまりについて実施することも考えられる。

4　観点別学習状況の評価の進め方

　ここでは，本題材における3観点の評価の進め方について紹介する。

（1）知識・技能

　この題材では，米飯及びみそ汁が我が国の伝統的な日常食であることや，食事の役割と日常の食事の大切さ，米飯及びみそ汁の調理の仕方について理解しているとともに，米飯とみそ汁の調理が適切にできているかなどについて評価する。

　1時間目の評価規準①②については，食事の役割や食事の大切さ，米飯及びみそ汁が我が国の伝統的な日常食であることについて理解しているかを学習カードの記述内容から評価する。

　3，4時間目の評価規準③については，米飯の調理に必要な米や水の分量，米飯の調理の仕方について理解し，適切にできているかを学習カードの記述内容や行動観察から評価する。評価規準④については，我が国の伝統的な配膳の仕方について理解し，適切にできているかを米飯とみそ汁の配膳の写真〔例1〕から評価する。

米飯とみそ汁の配膳の写真〔例1〕

　5，6時間目の評価規準⑤については，みそ汁の調理に必要な材料の分量，計量について理解しているかを学習カード
の記述内容から評価するとともに，みそ汁の調理の仕方について理解し，適切にできているかを確認テスト〔例2〕や行動観察から評価する。みそ汁は2回の調理実習を取り入れ，1回目の基本のみそ汁（5，6時間目）はペアで調理を行い，「指導に生かす評価」（「努力を要する」状況（C）と判断される児童への手立てを考えるための評価）とする。2回目のオリジナルみそ汁（8，9時間目）は

一人で調理を行い，「記録に残す評価」とする。

　確認テストでは，みそ汁の調理に関する一連の調理操作（だしのとり方，実の切り方，入れ方，みその扱い方）だけではなく，なぜそのようにするのか，手順の根拠などを理解しているかどうかを評価する。例えば，〔例２〕の問題では，実の入れ方やみその扱い方について，理由とともに改善策を記述している場合を，「おおむね満足できる」状況（Ｂ）と判断した。その際，「努力を要する」状況（Ｃ）と判断される児童に対しては，７時間目の「家族と食べるおいしいごはんとオリジナルみそ汁」の調理計画を立てる際に，みそ汁の調理の手順を再確認したり，実の切り方を図や写真を用いて提示したりするなど，個に応じた指導を工夫する。

確認テスト〔例２〕の一部

第３編
事例１

問題　　Ｄ子さんは，次のようにみそ汁を作りましたが，おいしくできあがらず，がっかりしています。どうしたらおいしくできるかについて，理由とともにＤ子さんに説明しましょう。

＜実と切り方＞
・ねぎ（厚さ２㎜の小口切り）　・油あげ（はば１㎝のたんざく切り）　・大根（厚さ５㎜のいちょう切り）

＜手順＞
　にぼしでだしをとった後，分量のみそをなべに入れて，さいばしで混ぜました。その後，ねぎ，油あげを入れて２分ほどにてから，大根を入れてさらに１分にて，火を止め，おわんにそそぎました。

Ｄ子さんへの説明

・火が通りにくい大根，油あげの順に入れる。
・実に火が通ったらみそを入れ，香りを損なわないように沸騰したら火を止める。
・ねぎは最後に入れ，香りを損なわないようにする。

＜知識・技能＞⑤
※「十分満足できる」状況（Ａ）と判断した児童の具体的な例

・・・・・・・みそを入れるときは，だし汁で溶かしてから，鍋に入れるといいよ。

実の入れ方やみその扱い方に加え，みそを溶いて入れることについても具体的に記述していることから（Ａ）と判断した。

　８，９時間目の評価規準⑤については，「記録に残す評価」とし，みそ汁の調理に必要な材料の分量や計量，調理の仕方について理解し，適切にできているかをオリジナルみそ汁の試し作りの行動観察や調理計画・実践記録表の記述内容から評価する。

（２）思考・判断・表現

　この題材では，米飯及びみそ汁の調理における調理計画や調理の仕方について問題を見いだして課題を設定しているか，様々な解決方法を考えているか，実践を評価・改善しているか，考えたことを表現しているかなど，課題を解決する力を身に付けているかについて評価する。

　２時間目の評価規準①については，米飯及びみそ汁の調理の仕方について，おいしく食べるための課題を設定する場面において，行動観察や学習カードの記述内容から評価する。その際，試食をもとに米飯をおいしく調理するための水加減や火加減，みそ汁をおいしく調理するためのだしのとり方や実の切り方，入れ方について適切な課題を設定している場合を「おおむね満足できる」状況（Ｂ）と判断した。

　７時間目の評価規準②については，「家族と食べるおいしいごはんとオリジナルみそ汁」の「オリジナルみそ汁（試し作り）」の調理計画を考え，工夫する場面で，調理計画・実践記録表〔例３〕の

記述内容から評価する。条件に合った実と分量を考えたり，でき上がり時間を想定して，調理台や加熱用調理器具の使い方を工夫したりしている場合を「おおむね満足できる」状況（B）と判断した。その際，「努力を要する」状況（C）と判断される児童に対しては，実の実物見本をもとに一人分の分量を確認したり，調理の手順を考え，シミュレーションしたりするなどして，調理計画を立てることができるようにする。

評価規準③については，例えば，9時間目の学校での試し作りを振り返る場面など，適切に学習状況を把握できる評価場面を設定し，調理計画・実践記録表の記述内容から評価する。材料や分量，切り方などの調理方法，調理の手順について，適切に自己評価するとともに，家庭実践に向けて，具体的な改善策を記述している場合を「おおむね満足できる」状況（B）と判断した。

評価規準④については，例えば，7時間目のオリジナルみそ汁（試し作り）の調理計画の作成，8，9時間目の学校での試し作りや振り返りを評価場面として設定し，行動観察（発表内容）から評価する。

調理計画・実践記録表〔例3〕の一部

家族と食べるおいしいごはんとオリジナルみそ汁を作ろう〔調理計画・実践記録表〕

（3）主体的に学習に取り組む態度

この題材では，伝統的な日常食である米飯とみそ汁の調理に関する基礎的・基本的な知識及び技能を身に付けたり，調理計画を考え，工夫したりする際に粘り強く取り組んでいるか，調理に関する学

習の進め方について振り返るなど，自らの学習を調整しようとしているかについて評価する。さらに，健康の視点から食事の役割を捉え，日常の食事を大切にしようとしているか，日本の伝統的な食文化の大切さに気付き，家庭でも実践しようとしているかなどについて評価する。

評価規準①については，ポートフォリオ（学びの足あと）〔例4〕の記述内容や行動観察から評価する。例えば，3，4時間目に米飯を調理し，基礎的・基本的な知識及び技能を身に付ける場面では，米飯の硬さや焦げ付きの有無などについて確かめ，米飯をよりおいしく作るために，DVDを視聴したり，家族や友達に確認したりするなどして，自分なりに解決しようとしている場合を「おおむね満足できる」状況（B）と判断した。その際，「努力を要する」状況（C）と判断される児童に対しては，米飯をおいしく作るために，うまくいかなかった原因を一緒に考えたり，家族や友達の話を参考にしたりするよう促す。

評価規準②については，ポートフォリオや調理計画・実践記録表（自己評価）の記述内容及び行動観察から評価する。例えば，3〜7時間目の米飯及びみそ汁の調理や「家族と食べるおいしいごはんとオリジナルみそ汁」の調理計画の場面では，確認テストの結果を振り返ったり，調理計画について適切に自己評価したりして，次の学習に向けて取り組もうとしている場合を「おおむね満足できる」状況（B）と判断した。

なお，評価規準①と②の学びの姿は，相互に関わり合いながら立ち現れることに留意する必要がある。

評価規準③については，ポートフォリオや調理計画・実践記録表の記述内容及び行動観察から評価する。例えば，10時間目の「家族と食べるおいしいごはんとオリジナルみそ汁」の調理計画を家庭実践につなげる場面では，学習前と学習後を比較し，米飯とみそ汁をおいしく調理できるようになったことを実感し，家庭で実践しようとしている場合や，日本の伝統的な食文化への気付きが深まっている場合を「おおむね満足できる」状況（B）と判断した。

ポートフォリオ（学びの足あと）〔例4〕の一部（3，4時間目）

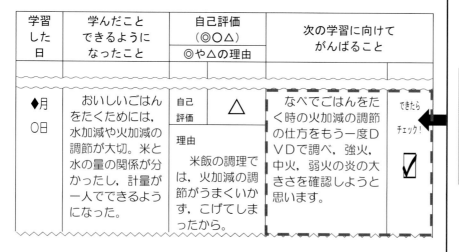

5　観点別評価の総括

本題材における観点別評価の総括は，次のような手順で行った。

（1）題材の「学習活動における評価規準」に基づいて，行動観察や学習活動内容，調理計画・実習記録表，確認テスト，ペーパーテストなどにより，Ａ，Ｂ，Ｃで観点別の評価を行った。

（2）「観点ごとの総括」については，（1）で行ったＡ，Ｂ，Ｃを3，2，1で数値化し，評価の各観点の合計点について満点の85％以上であればＡ，84～50％であればＢ，それ未満であればＣとする考え方に立って総括した。

<例：Ｚ児の場合>　知識・技能　ＢＢＡＡ→Ａ　　思考・判断・表現　ＡＡＡＢ→Ａ

主体的に学習に取り組む態度　ＢＢＡ→Ｂ

（3）「題材の総括」については，（2）で行った「観点ごとの総括」のＡ，Ｂ，Ｃを3，2，1で数値化し，3観点の合計点について，満点の85％以上であればＡ，84～50％であればＢ，それ未満であればＣという考え方に立って総括した。

<例：Ｚ児の場合>

観点ごとの総括　知識・技能Ａ　思考・判断・表現Ａ　主体的に学習に取り組む態度Ｂ

題材の総括　**Ａ**

題材名「おいしく作ろう　伝統的な日常食　ごはんとみそ汁」（補助簿）の例

題材の評価規準	知識・技能						思考・判断・表現					主体的に学習に取り組む態度				題材の総括
	・食事の役割が分かり，日常の食事の大切さについて理解している。 ・調理に必要な材料の分量や手順が分かり，調理計画について理解している。 ・我が国の伝統的な配膳の仕方について理解しているとともに，適切にできる。 ・伝統的な日常食である米飯及びみそ汁の調理の仕方を理解しているとともに，適切にできる。						おいしく食べるために米飯及びみそ汁の調理計画や調理の仕方について問題を見いだして課題を設定し，様々な解決方法を考え，実践を評価・改善し，考えたことを表現するなどして課題を解決する力を身に付けている。					家族の一員として，生活をよりよくしようと，食事の役割，伝統的な日常食である米飯及びみそ汁の調理の仕方について，課題の解決に向けて主体的に取り組んだり，振り返って改善したりして，生活を工夫し，実践しようとしている。				
学習活動における評価規準	①	②	③	④	⑤	観点ごとの総括	①	②	③	④	観点ごとの総括	①	②	③	観点ごとの総括	
指導項目	B(1)ア	B(2)ア(オ)	B(2)ア(ア)(オ)	B(2)ア(ウ)(オ)	B(2)ア(ア)(オ)											
日付／氏名	／	／	／	／	／		／	／	／			／	／	／		
Ｚ	Ｂ	Ｂ	Ａ	Ａ	Ａ	**Ａ**	Ａ	Ａ	Ａ	Ｂ	**Ａ**	Ｂ	Ｂ	Ａ	**Ｂ**	**Ａ**
Ｘ	Ａ	Ｂ	Ｂ	Ｂ	Ｂ	**Ｂ**	Ｂ	Ａ	Ｂ	Ａ	**Ｂ**	Ｂ	Ｂ	Ｂ	**Ｂ**	**Ｂ**
Ｙ	Ｃ	Ｃ	Ｂ	Ｂ	Ｃ	**Ｃ**	Ｃ	Ｂ	Ｃ	Ｃ	**Ｃ**	Ｂ	Ｃ	Ｂ	**Ｂ**	**Ｃ**

この他にも，題材における観点別評価の総括については様々な考え方や方法があり，各学校において工夫することが望まれる。なお，Ｂ(2)については，2学年間にわたり本題材を含む4題材で実現状況を評価する。「知識・技能」については，各題材で重点化を図ることとするが，「思考・判断・表現」については，各題材において問題解決的な学習過程を繰り返すことで課題を解決する力を養うことが考えられる。

家庭科　　事例2

キーワード　「思考・判断・表現」の評価

題材名	内容のまとまり
冬のあったかエコライフを工夫しよう	第5学年　「B衣食住の生活」　　(4)衣服の着用と手入れ 　　　　　　　　　　　　　　　　(6)快適な住まい方 　　　　　　　「C消費生活・環境」　(2)環境に配慮した生活

　この題材は，「B衣食住の生活」の(4)「衣服の着用と手入れ」のアの(ｱ)「日常着の快適な着方」及びイと，(6)「快適な住まい方」のアの(ｱ)「季節の変化に合わせた住まい方」及びイ，「C消費生活・環境」の(2)「環境に配慮した生活」のア及びイとの関連を図っている。「冬のあったかエコライフを工夫しよう」という課題を設定し，「健康・快適・安全」や「持続可能な社会の構築」の視点から，冬を暖かく快適に過ごすための着方や住まい方，環境に配慮した物（暖房機器など）の使い方に関する知識を身に付けるとともに，課題を解決する力や自分と家族の衣生活及び住生活をよりよくしようと工夫する実践的な態度を育成することをねらいとしている。

　本事例では，課題解決に向けた一連の学習過程における「思考・判断・表現」の評価について具体的に示している。

1　題材の目標

(1) 衣服や住まいの主な働きが分かり，冬における日常着の快適な着方，季節の変化に合わせた生活の大切さや冬の住まい方，環境に配慮した物（暖房機器など）の使い方について理解する。

(2) 冬における日常着の快適な着方や住まい方及び環境に配慮した物（暖房機器など）の使い方について問題を見いだして課題を設定し，様々な解決方法を考え，実践を評価・改善し，考えたことを表現するなどして課題を解決する力を身に付ける。

(3) 家族の一員として，生活をよりよくしようと，冬における日常着の快適な着方や住まい方及び環境に配慮した物（暖房機器など）の使い方について，課題の解決に向けて主体的に取り組んだり，振り返って改善したりして，生活を工夫し，実践しようとする。

2　題材の評価規準

知識・技能	思考・判断・表現	主体的に学習に取り組む態度
・衣服の主な働きが分かり，冬における日常着の快適な着方について理解している。 ・住まいの主な働きが分かり，季節の変化に合わせた生活の大切さや冬の住まい方について理解している。 ・環境に配慮した物（暖房機器など）の使い方について理解している。	冬における日常着の快適な着方や住まい方及び環境に配慮した物（暖房機器など）の使い方について問題を見いだして課題を設定し，様々な解決方法を考え，実践を評価・改善し，考えたことを表現するなどして課題を解決する力を身に付けている。	家族の一員として，生活をよりよくしようと，冬における日常着の快適な着方や住まい方及び環境に配慮した物（暖房機器など）の使い方について，課題の解決に向けて主体的に取り組んだり，振り返って改善したりして，生活を工夫し，実践しようとしている。

3　指導と評価の計画（8時間）

〔1〕冬の生活を見直そう	本時	1時間
〔2〕冬をあたたかく快適に過ごすための着方をさぐろう		2時間
〔3〕冬をあたたかく快適に過ごすための住まい方をさぐろう		2時間
〔4〕環境に配慮した暖房機器の使い方を考えよう		1時間
〔5〕わが家の「冬のあったかエコライフ」を工夫しよう		2時間

小題材	時間	ねらい・学習活動	評価規準・評価方法		
			知識・技能	思考・判断・表現	主体的に学習に取り組む態度
冬の生活を見直そう	1 本時	○冬の着方や住まい方の中から問題を見いだし，「冬のあったかエコライフ」の課題を設定することができる。 ・事例の部屋で，冬を暖かく快適に過ごすための着方や住まい方の問題点について話し合う。 ・わが家における冬の着方や住まい方について，「健康・快適・安全」及び「持続可能な社会の構築」の視点から問題を見いだして課題を設定する。		①冬における日常着の快適な着方や住まい方，環境に配慮した暖房機器の使い方について問題を見いだして課題を設定している。 ・「冬のあったかエコライフ」の計画表〔例1〕	
冬をあたたかく快適に過ごすための着方をさぐろう	2・3	○衣服の主な働きが分かり，冬を暖かく快適に過ごすための着方について理解することができる。 ・衣服の主な働きについて話し合う。 ・保温性等の実験を通して，衣服の保健衛生上の働きについてまとめる。	①衣服の主な働きが分かり，冬における日常着の快適な着方について理解している。 ・学習カード ＊ペーパーテスト		①冬における日常着の快適な着方や住まい方，環境に配慮した暖房機器の使い方について，課題の解決に向けて主体的に取り組もうとしている。 ・ポートフォリオ ・「冬のあったかエコライフ」の実践記録表〔例2〕 ・行動観察
冬をあたたかく快適に過ごすための住	4・5	○住まいの主な働きが分かり，冬を暖かく快適に過ごすための住まい方について理解することができる。 ・住まいの主な働きについて話し合う。 ・グループで照度調べ，温度調べを行い，分かったことをまとめる。 　・寒さへの対処の仕方 　・明るさの取り入れ方	②住まいの主な働きが分かり，季節の変化に合わせた生活の大切さや冬の住まい方について理解している。 ・学習カード ＊ペーパーテスト		

第3編 事例2

題材	時	学習活動	知識・技能	思考・判断・表現	主体的に学習に取り組む態度
を環境に配慮した暖房機器の使い方考えよう	6	○暖房機器の安全で環境に配慮した使い方について理解することができる。 ・暖房機器の安全な使い方や効率的な使い方について調べ、まとめる。 　・換気 　・太陽の光や熱の利用	③暖房機器の安全な使い方について理解している。 ・**学習カード** ＊**ペーパーテスト** ④環境に配慮した暖房機器の使い方について理解している。 ・**学習カード** ＊**ペーパーテスト**		②冬における日常着の快適な着方や住まい方、環境に配慮した暖房機器の使い方について、課題解決に向けた一連の活動を振り返って改善しようとしている。 ・**ポートフォリオ** ・**行動観察**
わが家の「冬のあったかエコライフ」を工夫しよう	7	○環境に配慮しながら冬を暖かく快適に過ごすための着方や住まい方について考え、「冬のあったかエコライフ」の実践計画を工夫することができる。 ・わが家における「冬のあったかエコライフ」の実践計画を作成する。 ・友達や先生からのアドバイスをもとに実践計画を見直す。		②冬における日常着の快適な着方や住まい方、環境に配慮した暖房機器の使い方について実践に向けた計画を考え、工夫している。 ・**「冬のあったかエコライフ」の計画表**〔例１〕 ・**相互評価**	③冬における日常着の快適な着方や住まい方、環境に配慮した暖房機器の使い方について工夫し、実践しようとしている。 ・**ポートフォリオ** ・**行動観察**
		家 庭 実 践			
	8	○家庭での実践を報告し合い、「冬のあったかエコライフ」の実践計画を見直し、改善することができる。 ・各自の実践をグループで発表し合う。 ・「冬のあったかエコライフ」の実践計画を改善する。		③冬における日常着の快適な着方や住まい方、環境に配慮した暖房機器の使い方について、実践を評価したり、改善したりしている。 ・**「冬のあったかエコライフ」の実践記録表**〔例２〕 ④冬における日常着の快適な着方や住まい方、環境に配慮した暖房機器の使い方についての課題解決に向けた一連の活動について、考えたことを分かりやすく表現している。 ・**「冬のあったかエコライフ」の実践記録表**〔例２〕 ・**行動観察**	

※ペーパーテストについては、ある程度の内容のまとまりについて実施することも考えられる。

4　観点別学習状況の評価の進め方

　ここでは，本題材の学習過程（①課題を設定する，②解決方法を考える，③評価・改善する，④表現する）における「思考・判断・表現」の評価の具体的な例を紹介する。

本時の展開（1／8時間）

（1）小題材名　　冬の生活を見直そう

（2）本時のねらい

　　冬の着方や住まい方の中から問題を見いだし，「冬のあったかエコライフ」の課題を設定することができる。

（3）学習活動と評価

時間	学習活動	指導上の留意点	評価場面・評価方法
(分) 10	1　冬の生活の特徴について気付いたことを発表し合う。 夕方 すぐ暗くなる／雪がふる／インフルエンザが流行する／冬の生活／乾燥／北風が冷たい／寒い 2　本時の学習のめあてを確認する。 わが家の冬の生活を見つめ，冬をあたたかく快適に過ごすための課題を見つけよう	・事前に家族にインタビューし，冬の着方や住まい方への関心を高める。 ・第5学年社会科「国土の気候の特徴」の学習内容と関連させて学習する。 ・冬の生活の特徴をイメージマップで示し，着方や住まい方の課題を想起しやすくする。	
20 10	3　事例「ひろしさんの部屋」で，冬を暖かく快適に過ごすための着方や住まい方についての問題点を話し合い，「冬の快適ポイント」を整理する。 ＜冬の快適ポイント＞ ・暖かさ（着方・住まい方） ・明るさ ・適度な湿度 ・換気 ・安全（暖房機器） ・省エネ 4　わが家における着方や住まい方の問題を見いだし，「冬のあったかエコライフ」にするための課題を設定する。	・「冬の快適ポイント」が「冬のあったかエコライフ」に必要な視点であることに気付くようにする。 ・ガイダンスで触れた「健康・快適・安全」「持続可能な社会の構築」などの視点と結び付けて考えられるようにする。 ・「冬の快適ポイント」をもとに，わが家の課題を設定した理由を考えるよう助言する。	わが家の課題を設定する場面 ■評価方法 【「冬のあったかエコライフ」計画表】　〔例1〕 思考・判断・表現①
5	5　本時の学習をまとめ，振り返る。	・各自が設定した課題を，主体的に解決するよう意欲を高める。	

（4）「思考・判断・表現」の評価規準①の評価について

　1時間目の評価規準①（課題を設定する力）については，「冬のあったかエコライフ」の計画表〔例1〕の「わが家の着方や住まい方」の課題設定の記述内容から評価する。

　M児は，「健康・快適・安全」及び「持続可能な社会の構築」等の視点から，冬の着方と住まい方

における「暖かさ」や「明るさ」，「省エネ」に関する問題を見いだして課題を設定し，その理由を適切に示していることから，「おおむね満足できる」状況（B）と判断した。

「冬のあったかエコライフ」の計画表〔例1〕（1/8時間）M児

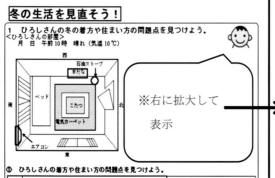

- ・エアコンの設定温度は28℃で，半袖で過ごしている。
- ・こたつと電気カーペットを使い，はだしで過ごしている。
- ・昼間はまぶしいので，南側の窓のカーテンは閉めている。部屋全体を照明で明るくして本を読んでいる。東側の窓のカーテンは，夕方遅くまで開けて太陽の光を取り入れている。
- ・ストーブを使うときは，ドアを少し開けてかん気する。
- ・エアコンをつけたまま寝ると，のどが乾燥する。

2　わが家における着方や住まい方の問題点を見つけよう。

	わが家の問題点（快適ポイント）	解決の方法
着方		（解決方法は第7時で記入）
住まい方		

＜着方＞
・「寒いから上着を着なさい。」とお母さんからよく注意されるが，動きにくいのであまり着ない。室内では，はだしていることが多い。
　　　　　　　　　　　　　（あたたかさ）
＜住まい方＞
・リビングはいつもあたたかいけれど，ろう下やトイレ，台所はとても寒い。　（あたたかさ）
・カーテンを閉めると暗いけれど，開けるとまぶしいのでいつも困る。　　　　（明るさ）
・エアコン，こたつ，電気カーペット，加しつ器，空気清じょう器など，たくさんの家電製品にたよって生活している。　　　　　　　（省エネ）

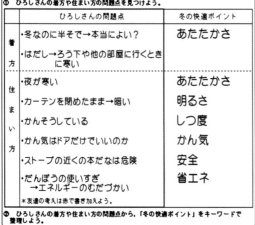

＜わが家の課題＞
　冬をあたたかく，明るく，省エネに気をつけながら生活するための着方や住まい方を工夫しよう。

＜課題を設定した理由＞
　もっと着方やだんぼうの仕方を工夫してあたたかく過ごしたいから。
　カーテンを閉めると，部屋の中が暗くなってしまうから。
　たくさんのだんぼう機器を使っているので，もっと省エネにも気を付けたいから。

3　「冬のあったかエコライフ」を工夫するための，わが家の課題を設定しよう。

＜課題を設定した理由＞

思①

＜思考・判断・表現＞①
※「十分満足できる」状況（A）と判断した児童の具体的な例

＜わが家の課題＞
　冬をあたたかく，明るく過ごすだけでなく，家族の健康・安全と省エネの両方に気を付けながら生活できるよう，着方や住まい方を工夫しよう。
＜課題を設定した理由＞
　部屋があたたかすぎると他の部屋との温度差で健康に悪いし，だんぼうの使いすぎはエネルギーのむだづかいにつながるから。また，もっと着方を工夫して，あたたかさも省エネも大切にできる方法を考えたい。家族の健康を考えた採光やかん気の仕方，安全を守るためのストーブの使い方についても調べてみたい。

　「健康・快適・安全」及び「持続可能な社会の構築」のいくつかの視点を関連させて，冬の生活（着方と住まい方）における「暖かさ」，「明るさ」，「換気」，「安全」，「省エネ」等に関する問題を見いだして課題を設定し，その理由を適切に示していることから（A）と判断した。

その際,「努力を要する」状況（C）と判断される児童に対しては,2〜6時間目の学習をもとに,7時間目までに,再度,わが家の課題について考える機会を設けるようにする。

なお,児童の家庭の状況等に配慮し,家庭実践が難しい際には,共通課題としての「ひろしさんの部屋における着方や住まい方」の課題設定から評価することも考えられる。

【参考資料】「思考・判断・表現」の評価規準②の評価について

7時間目の問題解決の場面における評価規準②（解決方法を考える力）の評価については,「冬のあったかエコライフ」の計画表〔例1〕の記述内容から評価する。

M児は,2〜6時の学習で習得した日常着の快適な着方,季節の変化に合わせた住まい方,暖房機器の安全及び環境に配慮した使い方などに関する知識を活用して,「健康・快適・安全」及び「持続可能な社会の構築」の視点から具体的な解決方法を考えて実践計画を立てていることから,「おおむね満足できる」状況（B）と判断した。その際,「努力を要する」状況（C）と判断される児童に対しては,教師が示した例や友達の計画表の記述内容を参考に,自分の課題に合った方法を考えさせるなどの手立てを十分に行うようにする。

「冬のあったかエコライフ」の計画表〔例1〕の一部（7／8時間）　M児

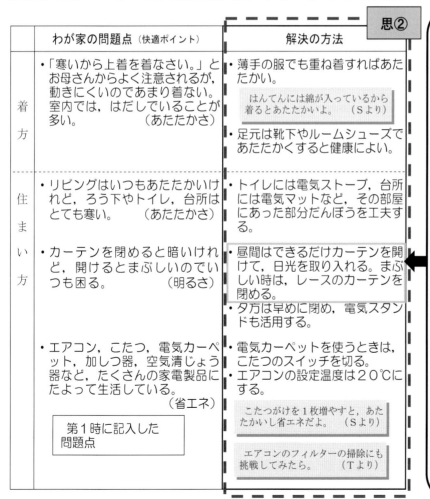

さらに，評価規準②（解決方法を考える力）においては，下記のようなペーパーテストで評価することも考えられる。

「思考・判断・表現」の評価規準②を評価するためのペーパーテスト例

> **問１　冬をあたたかく快適に過ごすための着方や住まい方をＡ子さんにアドバイスしよう。**
>
> 　わが家のリビングは，エアコンをつけてあたたかく（28℃）過ごしていますが，じっとしていると足元が冷えてきます。そこで，あたたまった空気を逃さないように，南側のカーテンを一日中閉め，ドアや窓は開けないようにしています。
> 　和室では，うす手のこたつ掛け１枚のこたつと背中が寒いときのために石油ファンヒーターを使っています。　　　　　　　　　　（Ａ子）

　例えば，左記の問１の課題において，「暖かい着方を工夫してエアコンの温度設定を下げる」や「太陽の光や熱を利用して暖かさや明るさを保つ」，「対面のドアや窓を開けて効果的に換気する」などの適切な解決方法を具体的に記述している場合に，「おおむね満足できる」状況（Ｂ）と判断することが考えられる。

【参考資料】「思考・判断・表現」の評価規準③④の評価について

　８時間目の交流する場面における評価規準③（評価・改善する力）については，「冬のあったかエコライフ」の実践記録表〔例２〕の実践後の「感想」や「改善したいこと」，実践報告会後の「改善したいこと」の記述内容から評価する。

「冬のあったかエコライフ」の実践記録表〔例２〕（8／8時間）　Ｍ児

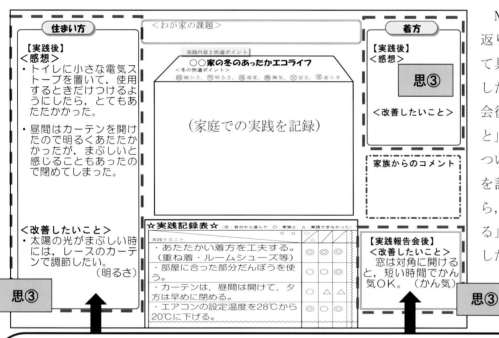

　Ｍ児は，実践を振り返り，「明るさ」について具体的な改善策を示した。また，実践報告会後の「改善したいこと」として，「換気」についても新たな改善策を記入していることから，「おおむね満足できる」状況（Ｂ）と判断した。

> **＜思考・判断・表現＞③　※「十分満足できる」状況（Ａ）と判断した児童の具体的な例**
>
> 【実践後】＜改善したいこと＞
> ・部屋全体が温まるまでは，エアコンの設定温度を高めにするが，その後は低めに設定して省エネにも気を付けたい。　　　　　　　　　　　　　　　　　　　　　　（あたたかさ・省エネ）
> ・かん気をする時には，向かい合っている窓（一方は低くて他方は高い窓）を少し開け，なるべくあたたかさを保ちながら短時間で効率よく行うようにしたい。　　　　　（あたたかさ・かん気）
> 【実践報告会後】＜改善したいこと＞
> ・自分の部屋や台所の石油ファンヒーターの近くには，燃えやすい物を置かないように注意したい。
> 　　　　　　　　　　　　　　　　　　　　　　　　　　　　　　　　　　　　　　　（安全）

　実践後の「改善したいこと」として二つの視点を関連させて考えたり，新たな課題についての具体的な改善策を示したりしていること，実践報告会後の「改善したいこと」として，「安全」についても新たな改善策を記入していることから（Ａ）と判断した。

評価規準④（表現する力）については，「冬のあったかエコライフ」の実践記録表〔例２〕の記述の状況や報告会の発表の様子などから評価する。

「冬のあったかエコライフ」の実践記録表〔例２〕の一部（８／８時間）　　M児

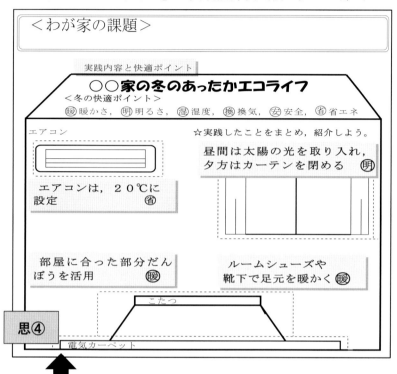

M児は，実践記録表〔例２〕において，家庭で実践した様子を快適ポイントのシールや付箋とともに簡単な絵カード（エアコンなど）を用いて表現していること，「暖かさ」，「明るさ」，「省エネ」の視点から自分の実践内容を分かりやすく友達に伝えていることから，「おおむね満足できる」状況（B）と判断した。

報告会における一人一人の発表の様子を見取る方法として，グループごとにタブレット等を準備し，互いに録画または録音して記録に残すことも考えられる。

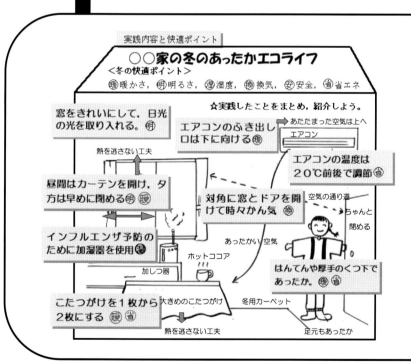

<思考・判断・表現>④
※「十分満足できる」状況（A）と判断した児童の具体的な例

家庭で実践した様子を快適ポイントのシールや付箋とともに言葉や絵を用いて分かりやすく表現していること，「暖かさ」，「明るさ」，「省エネ」の他，「換気」等の視点からも自分の実践内容を根拠とともに分かりやすく友達に伝えていることから（A）と判断した。

このように，「思考・判断・表現」の評価については，問題解決の学習過程に沿って評価規準①〜④で評価し，それらをまとめて題材の評価とする。その際，題材構成や発達の段階に応じて，評価規準①〜④のいずれかに重点をおいて指導し，評価する場合も考えられる。

家庭科　　事例3

キーワード　Ａ(4)に係る「思考・判断・表現」「主体的に学習に取り組む態度」の評価

題材名	内容のまとまり
わが家の仕事大作戦 part 3 ~家族で協力，わが家のお正月を気持ちよくむかえよう~	第5学年「A家族・家庭生活」(2)家庭生活と仕事 　　　　　　(4)家族・家庭生活についての課題と実践

　この題材は，「A家族・家庭生活」の(2)「家庭生活と仕事」における「わが家の仕事大作戦 part 1，part 2」の学習を基礎としたAの(4)「家族・家庭生活についての課題と実践」の題材である。わが家のお正月を気持ちよく迎えるために，日常生活の中から問題を見いだして課題を設定し，様々な解決方法を考え，計画を立てて実践した結果を評価・改善し，考えたことを表現するなどの学習を通して，課題を解決する力と生活をよりよくしようと工夫する実践的な態度を育成することをねらいとしている。

　本事例では，Aの(4)「家族・家庭生活についての課題と実践」における「思考・判断・表現」及び「主体的に学習に取り組む態度」の評価について具体的に示している。

つながりのある題材の指導計画

時期 （月）	題　材　名	時数	内　容
4	家庭科の学習を始めよう	2	A (1) ア
4	わが家の仕事大作戦 part 1 ～家庭の仕事を見つめてみよう～	2	A (2) ア
5	ゆでる調理で健康になろう	5	B (2) ア (ア) (ウ) (エ) 　　イ
5・6	手縫いで生活を楽しくしよう	8	B (5) ア (ア) (イ) 　　イ C (2) ア (イ)
6・7	整理・整とんで生活を快適にしよう	5	B (6) ア (イ) 　　イ
7 9	わが家の仕事大作戦 part 2 ～わが家の仕事を工夫しよう～	3	A (2) イ
9	ミシンを使って生活を楽しくしよう	8	B (5) ア (ア) (イ) 　　イ
10・11	おいしく作ろう　伝統的な日常食　ごはんとみそ汁	10	B (1) ア B (2) ア (ア) (ウ) (オ) 　　イ
11・12	すっきり　さわやか　環境にやさしい清掃をしよう	6	B (6) ア (イ) 　　イ C (2) ア
12	わが家の仕事大作戦 part 3 ～家族で協力，わが家のお正月を気持ちよくむかえよう～(本時1・2／4)	4	A (4) ア

1　題材の目標

(1) お正月を気持ちよく迎えるための家庭の仕事について日常生活から問題を見いだして課題を設定し，様々な解決方法を考え，計画を立てて実践した結果を評価・改善し，考えたことを表現するなどして課題を解決する力を身に付ける。

(2) 家族の一員として，生活をよりよくしようと，お正月を気持ちよく迎えるための家庭の仕事について，課題の解決に向けて主体的に取り組んだり，振り返って改善したりして，生活を工夫し，家庭で実践しようとする。

2 題材の評価規準

知識・技能	思考・判断・表現	主体的に学習に取り組む態度
	お正月を気持ちよく迎えるための家庭の仕事について日常生活の中から問題を見いだして課題を設定し，様々な解決方法を考え，計画を立てて実践した結果を評価・改善し，考えたことを表現するなどして課題を解決する力を身に付けている。	家族の一員として，生活をよりよくしようと，お正月を気持ちよく迎えるための家庭の仕事について，課題の解決に向けて主体的に取り組んだり，振り返って改善したりして，生活を工夫し，家庭で実践しようとしている。

3 つながりのある題材における指導と評価の計画（2時間＋3時間＋4時間）

〔1〕わが家の仕事大作戦 part 1　　　　　　　　　　　　　　　　　　　　　　　2時間
　　　～家庭の仕事を見つめてみよう～
〔2〕わが家の仕事大作戦 part 2　　　　　　　　　　　　　　　　　　　　　　　3時間
　　　～わが家の仕事を工夫しよう～
〔3〕わが家の仕事大作戦 part 3　　　　　　　　　　本時（1・2／4）4時間
　　　～家庭で協力，わが家のお正月を気持ちよくむかえよう～

| 題材 | 時間 | ねらい・学習活動 | 評価規準・評価方法 | | |
			知識・技能	思考・判断・表現	主体的に学習に取り組む態度
わが家の仕事大作戦 part1	1・2	○家庭には，家庭生活を支える仕事があり，互いに分担して協力していく必要があることを理解することができる。 ・家庭の仕事を観察したことを発表し合い，家庭を支える仕事への協力について話し合う。 ○生活時間の有効な使い方を理解することができる。 ・自分と家族の生活時間の使い方を友達と比較し，家族に協力できるよう生活時間の有効な使い方について話し合う。	①家庭を支える仕事があり，互いに協力して分担する必要があることを理解している。 ・**学習カード** ②生活時間の有効な使い方について，理解している。 ・**学習カード**		①家庭の仕事について，課題の解決に向けて主体的に取り組もうとしている。 ・**ポートフォリオ〔例3〕** ・**行動観察**

「ゆでる調理で健康になろう」
「手縫いで生活を楽しくしよう」
「整理・整とんで生活を快適にしよう」

わが家の仕事大作戦　part2	1・2	○わが家の家庭の仕事について問題を見いだし，課題を設定することができる。 ・家庭の仕事を振り返り，問題を見付ける。 ・できるようになったことを生かし，自分が分担する仕事の課題を設定する。 ＜課題の例＞ ・ゆでる調理で朝ごはんをつくろう ・整理・整とんで台所をきれいにしよう 　　　　　　　　　　　　　　など ○分担する家庭の仕事の計画を工夫することができる。 ・各自が分担する家庭の仕事の計画を立てる。 ・グループでアドバイスし合い，計画を改善する。		①家庭の仕事について問題を見いだして課題を設定している。 ・**仕事計画・実践記録表** ②家庭の仕事について実践に向けた計画を考え，工夫している。 ・**仕事計画・実践記録表** ④家庭の仕事についての課題解決に向けた一連の活動について，考えたことを分かりやすく表現している。 ・**行動観察**	②家庭の仕事について，課題解決に向けた一連の活動を振り返って改善しようとしている。 ・ポートフォリオ〔例３〕 ・行動観察
		家 庭 実 践 （ 夏 季 休 業 中 ）			
	3	○夏季休業中の家庭の仕事の実践を振り返り，評価・改善することができる。 ・グループで実践発表会を行う。 ・自分の実践でさらに改善したいことを計画表に記入する。		③家庭の仕事について，実践を評価したり，改善したりしている。 ・**仕事計画・実践記録表**	③家庭の仕事について工夫し，実践しようとしている。 ・ポートフォリオ〔例３〕

「ミシンを使って生活を楽しくしよう」
「伝統の味　おいしいごはんとみそ汁を作ろう」
「すっきり　さわやか　環境にやさしい清掃をしよう」

	1	○お正月を気持ちよく迎えるための家庭の仕事の中から問題を見いだして課題を設定し，解決するための計画を工夫することができる。 ・お正月に向けての家庭の仕事について，インタビューなどから問題を見いだし，課題を設定する。 ＜課題の例＞ ・環境にやさしい大そうじをしよう ・だしを使っておせち料理をつくろう 　　　　　　　　　　　　　　など		①お正月を気持ちよく迎えるための家庭の仕事の中から問題を見いだして課題を設定している。 ・**計画・実践レポート**〔例１〕	①お正月を気持ちよく迎えるための家庭の仕事に関する課題の解決に向けて主体的に取り組もうとしている。 ・ポートフォリオ〔例２〕 ・行動観察

第3編
事例3

題材	時	学習活動		評価①	評価②
わが家の仕事大作戦 part3	2 本時	・各自が課題の解決に向けて計画を立てる。 ・課題ごとのグループで発表し合い，自分の計画を見直す。		②お正月を気持ちよく迎えるための家庭の仕事に関する課題の解決に向けて，よりよい生活を考え，計画を工夫している。 ・**計画・実践レポート〔例1〕**	②お正月を気持ちよく迎えるための家庭の仕事に関する課題解決に向けた一連の活動を振り返って改善しようとしている。 ・**ポートフォリオ〔例2〕** ・**行動観察**
		家 庭 実 践 （ 冬 季 休 業 中 ）			
	3・4	○家庭の仕事の実践についてまとめたり，実践発表会で分かりやすく発表したりすることができる。 ・実践したことを計画・実践レポートにまとめる。（課題，実践内容と工夫，自己評価，家族の感想） ・実践発表会を開き，レポートをもとにグループで交流する。		④お正月を気持ちよく迎えるための家庭の仕事に関する課題解決に向けた一連の活動について，考えたことを分かりやすく説明したり，発表したりしている。 ・**計画・実践レポート〔例1〕** ・**行動観察**	③更によりよい生活にするために，家庭の仕事に関する新たな課題を見付け，家庭での次の実践に取り組もうとしている。 ・**ポートフォリオ〔例2〕**
		○お正月を気持ちよく迎えるための家庭の仕事について，実践した結果を評価・改善し，新たな課題を見付け，次の実践に取り組もうとする。 ・実践を評価し，改善する。 ・よりよい生活にするための新たな課題を見付け，家庭の仕事への今後の思いや考えをまとめる。		③お正月を気持ちよく迎えるための家庭の仕事に関する課題の解決に向けて家庭で実践した結果を評価したり，改善したりしている。 ・**計画・実践レポート〔例1〕** ・**相互評価**	

※家庭の仕事の実践は，児童の家庭状況，各家庭や児童のプライバシーを尊重し，十分配慮して行う。

4 観点別学習状況の評価の進め方

　ここでは，本題材Ａの（4）のア「家族・家庭生活についての課題と実践」における評価の具体的な例を紹介する。また，つながりのある題材における「主体的に学習に取り組む態度」の評価の具体的な例を紹介する。

本時の展開（1，2／4時間）
（1）題材名　　　わが家の仕事大作戦 part 3
　　　　　　　　～家族で協力，わが家のお正月を気持ちよくむかえよう～
（2）本時のねらい
　　　お正月を気持ちよく迎えるための家庭の仕事の中から問題を見いだして課題を設定し，解決するための計画を工夫することができる。

第3編
事例3

（3）学習活動と評価

時間	学習活動	指導上の留意点	評価場面・評価方法
(分) 2	1　本時の学習課題を確認し，学習の見通しをもつ。		
	お正月を気持ちよくむかえるためのわが家の仕事大作戦の計画を立てよう		
25	2　お正月を気持ちよく迎えるために家庭の仕事についての問題を見いだし，課題を設定する。	・家庭の仕事のイメージマップから，問題点を見いだせるようにする。	自分の課題を設定する場面 ■評価方法 【計画・実践レポート】 〔例1〕 思考・判断・表現①
25	3　各自が課題の解決に向けてお正月の仕事の計画を立てる。	・学習カードを振り返ったり，調べコーナーを活用したりすることなどを促し，お正月の仕事の計画を工夫できるよう支援する。	
25	4　同様の課題ごとのグループで発表し合い，自分の計画を見直す。	・友達の仕事のやり方なども参考にして各自の家庭に応じた計画を工夫できるように助言する。	課題解決に向け計画を考え，工夫する場面 ■評価方法 【計画・実践レポート】 〔例1〕 思考・判断・表現②
6	5　計画の改善点について発表し合う。	・実践に向けて，家族との協力の視点からも考えることができるようにする。	
7	6　計画の作成について振り返ったことやよりよい生活にするために，生かしていくことを，ポートフォリオ（学習の足あと）に記入し，発表する。	・どのように記入してよいか分からない児童には，レポートから学習を一緒に振り返り助言する。 ・個々の児童の工夫を認め，冬休みの家庭実践への意欲につなげるようにする。	本時の学習を振り返る場面 ■評価方法 【ポートフォリオ】 〔例2〕 【行動観察】 主体的に学習に取り組む態度①②

（4）「思考・判断・表現」の評価規準①②の評価について

　1時間目の評価規準①，2時間目の評価規準②については，計画・実践レポート〔例1〕の記述内容から評価する。評価規準①について，T児は，自分の課題を設定する場面で，お正月の家庭の仕事の中から，環境に優しい大掃除をしていないという問題を見いだし，洗剤を無駄に使わないで窓掃除をするという課題を設定していることから，「おおむね満足できる」状況（B）と判断した。

　評価規準②について，T児は，課題解決に向けてよりよい生活を考え，計画を工夫する場面で，洗剤を少なく使う計画を洗剤を使わないで新聞紙を使う計画に見直していることから，「おおむね満足できる」状況（B）と判断した。その際，「努力を要する」状況（C）と判断される児童に対しては，友達の工夫を参考にするよう促したり，具体的な方法をアドバイスしたりして自分の計画を工夫することができるようにする。

計画・実践レポート〔例1〕（1〜4／4時間）　Ｔ児

「わが家の仕事大作戦 part 3
〜家族で協力，わが家のお正月を気持ちよくむかえよう〜

1　わが家のお正月に向けた家庭の仕事の問題点

＜問題点＞
　私と妹が窓そうじを分担し，スプレーの洗ざいをたくさん使っ
てワイパーでふいている。窓のさんは，ぬらしたペーパータオルを
使っているが，きれいにならなかった。

＜課題＞
　環境にやさしいそうじの学習を生かして，洗ざいやペーパータオ
ルをむだに使わない窓そうじを工夫しよう。　　　　　思①

2　家庭の仕事の計画

いつ・だれと（年末に・妹と　）

＜計画＞
(1)用具などを用意する。
　　（洗ざい・窓用ワイパー・ぞうきん）
(2)窓に洗ざいを少なめにふきかけて
　　ワイパーでふく。
(3)窓のさんは小ぼうきではく。

友達からのアドバイス

＜計画の改善点＞
※洗剤を少なめにする。
　↓
洗剤を使わない方法で
行う。

・ぬらした新聞紙でふい
てから，かわいた新聞
紙でふく。　　　　思②

3　実践したこと

12/29 窓は，ぬらした新聞紙でふき，かわいた新聞紙でふいた。
　　　窓のさんは，小ぼうきではすみの汚れがあまりきれいにな
　　　らなかった。

友達からのアドバイス

4　改善すること

　実践発表会を聞いて，先をとがらせたみぞふき棒を作ってさん
の汚れをとりたいと思った。　　　　　　　　　　　思③

＜思考・判断・表現＞①
※「十分満足できる」
　状況（Ａ）と判断した
　児童の具体的な例

＜問題点＞
　洗剤をたくさん使って窓
そうじをしていた・・・
窓のさんのみぞは，すみまで
きれいにならなかった。
＜課題＞
　環境にやさしいそうじの
学習を生かして，・・・・窓
のさんも簡単にきれいにで
きる方法を工夫しよう。

　環境への配慮に加え，簡単
にきれいにする工夫を課題と
して記述していることから
（Ａ）と判断した。

＜思考・判断・表現＞②
※「十分満足できる」
　状況（Ａ）と判断した
　児童の具体的な例

　洗ざいを使わない方法で行
う。・・・
　窓のさんのみぞのはばに合
わせたみぞふき棒を作る。ま
た，みぞの汚れをとってから
ペットボトルの水を少し流し
てそうじする。

　環境への配慮に加え，簡単
にきれいにする方法として手
作りの用具を考え，見直した
計画を記述していることから
（Ａ）と判断した。

第3編
事例3

　なお，評価規準③についても，計画・実践レポート〔例1〕の記述内容から評価することが考えら
れる。例えば，4時間目の家庭での実践を評価・改善する場面で，Ｔ児は，家庭実践でうまくいかな
かった窓のさんの掃除についての改善策を記入していることから「おおむね満足できる」状況
（Ｂ）と判断することが考えられる。

（5）「主体的に学習に取り組む態度」の評価規準①②の評価について

　この題材では，お正月を気持ちよく迎えるための家庭の仕事に関する課題解決に向けて，主体的に粘り強く取り組もうとしているか，計画について評価・改善する場面でうまくできなかったことを振り返って改善しようとするなど，自らの学習を調整しているかについて評価する。また，更によりよい生活にするために家庭の仕事に関する新たな課題を見付け，家庭での次の実践に取り組もうとしているかについて評価する。

　評価規準①②については，ポートフォリオ（学びの足あと）〔例２〕の記述内容や行動観察から評価する。評価規準①と評価規準②の学びの姿は，相互に関わり合いながら立ち現れることから同じ場面で評価することが考えられる。例えば，２時間目の計画について評価・改善する場面で，Ｔ児は，洗剤を少なくして窓掃除をする計画を立てることができたが，洗剤を使わない方法までは考えることができなかったと自己評価し，友達からのアドバイスを生かして，自分の計画を改善しようと粘り強く取り組んでいる様子を記入していることから「おおむね満足できる」状況（Ｂ）と判断した。

ポートフォリオ（学びの足あと）の一部〔例２〕（１～４／４時間）Ｔ児

		○うまくできたこと △うまくできなかったこと	できるようになるまでがんばったこと	よりよい生活を目指して，学習を生かしてがんばること
わが家の仕事大作戦 Part3	第1時 第2時	○洗ざいを少なくして窓そうじをする計画を立てることができた。 △洗ざいを使わない方法は考えることができなかった。　態①②	友達から洗ざいを使わない窓そうじの方法を教えてもらい自分の計画に生かすようにした。	
		家　庭　実　践		
	第3時 第4時			さらに，環境にやさしい生活になるように，お風呂と洗面所も洗ざいをむだにしないそうじを行う。できることを増やし家族に協力していく。　態③

〈主体的に学習に取り組む態度〉①②

※「十分満足できる」状況（Ａ）と判断した児童の具体的な例

> 手作りのみぞふき棒をどのように作ったらよいのかいろいろ調べてみた。残ったごみをとるために，友達のアドバイスを参考に水をペットボトルで流すことにした。

　自分の計画を振り返って，友達のアドバイスを参考に，よりよい解決方法を考えようとしていることから（Ａ）と判断した。

〈主体的に学習に取り組む態度〉③

※「十分満足できる」状況（Ａ）と判断した児童の具体的な例

> さらに，環境にやさしい生活になるように，お風呂と洗面所も・・・　また，みぞふき棒のようにその場所に合った道具を作って簡単できれいにそうじをする。家族の一員として，できることを増やし，協力していく。

　洗剤を無駄無く使ったり，道具を工夫したりすることを他の場所にも生かすなど，実践しようとすることを具体的に記述していることから（Ａ）と判断した。

　なお，評価規準③についても，ポートフォリオ〔例２〕の記述内容から評価することが考えられる。例えば，４時間目の家庭の実践を評価・改善する場面で，Ｔ児は，さらに環境に優しい生活をするために窓掃除に加えてお風呂と洗面所も洗剤を無駄にしない掃除を行うという新たな課題を見付け，家族に協力したいことを記述していることから「おおむね満足できる」状況（Ｂ）と判断することが考えられる。

【参考資料】Aの(2)の題材における「主体的に学習に取り組む態度」の評価規準①②の評価について

　本題材の基礎となるAの(2)「家庭生活と仕事」の題材「わが家の仕事大作戦part１，part２」はともに家庭の仕事としてつながりがあるため，この二つの題材の「主体的に学習に取り組む態度」については，関連付けて総合的に評価することが考えられる。

　評価規準①②については，ポートフォリオ〔例３〕の二つの題材の記述内容から総合的に評価することが考えられる。例えば，Ｔ児はpart１の１時間目の家庭生活を支える仕事について見つめる場面で，わが家の家庭の仕事や分担についてわからなかったことを友達の発表を参考に再度まとめていること，part２の３時間目の家庭実践を評価・改善する場面で，自分の実践を振り返り，ほうれん草を母の好みのゆで加減にゆでるための解決方法を友達に聞いて探っていることから，これらを総合して「おおむね満足できる」状況（Ｂ）と判断した。

　なお，このAの(2)「家庭生活と仕事」の題材の評価規準①②で「努力を要する」状況（Ｃ）と判断された児童に対しては，うまくできたこと，うまくできなかったことを児童と一緒に振り返って明確にしたり，できるようになるための具体的な方法について助言したりするなどの手立てを行い，本題材「わが家の仕事大作戦part３」につなげるようにする。

ポートフォリオ（学びの足あと）の一部〔例３〕　　Ｔ児

		○うまくできたこと △うまくできなかったこと	できるようになるまでがんばったこと	よりよい生活を目指して，学習を生かしてがんばること
わが家の仕事大作戦 Part１	第１時	○家庭には，衣食住や家族に関わる仕事があり，協力して分担する必要があることが分かった。 △わが家ではどんな仕事をだれが分担しているか分からないことがあった。	友達の発表を聞いて，わが家の家庭の仕事には何があるのかだれが分担していたのかに気付くことができた。	
	第２時			
わが家の仕事大作戦 Part２	第１時	＜ゆでる調理で朝ごはん＞		
	第２時			
		家 庭 実 践		
	第３時	○父の好きな黄味がトロトロのゆで卵を作ることができた。 △ほうれん草が，もう少し歯ごたえがあった方がおいしいと母に言われた。 態①②	ゆでる調理の仕事をした友達に質問したら，ほうれん草のゆで時間をもう少し短くしてすぐに水につけることが大事だと分かった。そのやり方でまたチャレンジしてみる。	ゆでる調理の学習を生かして他の野菜も家族の好みの固さに作れるようにしたい。 態③

家庭科　　事例4

キーワード　複数題材にわたる「主体的に学習に取り組む態度」の評価

題材名	内容のまとまり
地域の人に感謝の気持ちを伝えよう	第6学年　「A家族・家庭生活」⑶家族や地域の人々との関わり ⑷家族・家庭生活についての課題と実践

　この題材は、「A家族・家庭生活」の⑶「家族や地域の人々との関わり」における高齢者など地域の人々との関わりに関する学習を基礎としたAの⑷「家族・家庭生活についての課題と実践」の題材である。地域の人々を招く「感謝の会」に向けてグループで課題を設定し、計画を立てて実践し、評価・改善するなど一連の学習活動を通して、課題を解決する力と生活をよりよくしようと工夫する実践的な態度を育成することをねらいとしている。

　本事例では、Aの⑶及び⑷の二つの題材にわたる「主体的に学習に取り組む態度」の評価について具体的に示している。本題材とAの⑶及び他教科等との関連、中学校との系統性は図に示すとおりである。Aの⑶及び本題材における実践的な活動は、学校行事（展覧会）や学級活動（感謝の会）と関連付けて実施している。

題材の系統性と他教科等との関連

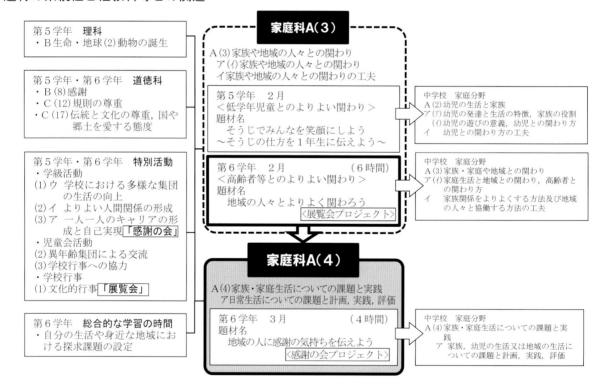

1　題材の目標

　⑴　地域の人々との関わりについて日常生活の中から問題を見いだして課題を設定し、様々な解決方法を考え、感謝の会の計画を立てて実践した結果を評価・改善し、考えたことを表現するなどして課題を解決する力を身に付ける。

(2) 家族の一員として，生活をよりよくしようと，感謝の会での地域の人々との関わりについて，課題の解決に向けて主体的に取り組んだり，振り返って改善したりして，生活を工夫し，地域などで実践しようとする。

2　題材の評価規準

題材	知識・技能	思考・判断・表現	主体的に学習に取り組む態度
1 地域の人々とよりよく関わろう	家庭生活は地域の人々との関わりで成り立っていることが分かり，地域の人々との協力が大切であることを理解している。	地域の人々（高齢者）とのよりよい関わりについて問題を見いだして課題を設定し，様々な解決方法を考え，展覧会での実践を評価・改善し，考えたことを表現するなどして課題を解決する力を身に付けている。	家族の一員として，生活をよりよくしようと，展覧会での地域の人々（高齢者）との関わりについて，課題の解決に向けて主体的に取り組んだり，振り返って改善したりして，生活を工夫し，実践しようとしている。
2 地域の人に感謝の気持ちを伝えよう		地域の人々との関わりについて日常生活の中から問題を見いだして課題を設定し，様々な解決方法を考え，感謝の会の計画を立てて実践した結果を評価・改善し，考えたことを表現するなどして課題を解決する力を身に付けている。	家族の一員として，生活をよりよくしようと，感謝の会での地域の人々との関わりについて，課題の解決に向けて主体的に取り組んだり，振り返って改善したりして，生活を工夫し，地域などで実践しようとしている。

※複数題材にわたる評価を扱うためA(3)についても示している。

3　複数題材にわたる指導と評価の計画（6時間＋4時間）

題材1　地域の人々とよりよく関わろう　　　　　　　　　　　　　　　　6時間

　　〔1〕地域の人々との関わりを見つめよう　　　　　　　　　　　　（2時間）

　　〔2〕地域の高齢者を案内しよう＜展覧会プロジェクト＞　　　　　（4時間）

題材2　地域の人に感謝の気持ちを伝えよう＜感謝の会プロジェクト＞　本時（2／4）4時間

題材	時間	ねらい・学習活動	評価規準・評価方法		
			知識・技能	思考・判断・表現	主体的に学習に取り組む態度
1 地域の人々とよりよく関わろう	1	○家庭生活は地域の人々との関わりで成り立っていることを理解することができる。 ・自分と地域の人々との関わりを振り返る。 ・調べてきたことをもとに，地域の行事やルール，マナーについて考える。	①家庭生活は地域の人々との関わりで成り立っていることを理解している。 ・学習カード ＊ペーパーテスト		
	2	○音と生活との関わりが分かり，快適に生活するためには地域の人々との協力が大切であることを理解することができる。 ・調査したことをもとに，学校や家庭での生活音について話し合う。 ・地域の人と共に快適に生活するために自分の行動や生活を見直す。 ＜例＞ ・楽器の練習は，時間に気を付ける。 ・あいさつをして，知り合いを増やそう。 ・地域の高齢者とつながりをもとう。など	②音と生活との関わりが分かり，快適に生活するためには地域の人々との協力が大切であることを理解している。 ・学習カード ＊ペーパーテスト		

- 69 -

	時	学習活動		評価規準・評価方法	評価規準・評価方法
	3	○展覧会での地域の高齢者との関わりについて問題を見いだし，課題を設定することができる。 ・地域の高齢者を展覧会に案内するロールプレイングを通して，気付いたことを発表する。 ・地域の高齢者と関わるためにどんなことができるのかを考え，課題を設定する。 ＜課題の例＞ 展覧会で地域の高齢者に分かりやすく作品を説明しよう　　　　　　　　　　など		①展覧会での地域の高齢者との関わりについて問題を見いだして課題を設定している。 ・**計画・実践記録表** ・**行動観察**	①展覧会及び感謝の会での地域の人々との関わりに関する課題の解決に向けて主体的に取り組もうとしている。 ・**計画・実践レポート**〔例1〕 ・**計画・実践記録表**〔例2〕 ・**行動観察**
	4	○展覧会での地域の高齢者との関わりについて実践に向けた計画を考え，工夫することができる。 ・展覧会での実践に向けた計画を立てる。 　・分担，会話の内容，案内順，会場図　など ・全体で交流する。 ・計画を見直す。		②展覧会での地域の高齢者との関わりについて実践に向けた計画を考え，工夫している。 ・**計画・実践記録表** ・**行動観察**	
		実践活動：地域の高齢者を案内しよう＜展覧会プロジェクト＞　　　（学校行事）			②展覧会及び感謝の会での地域の人々との関わりに関する課題解決に向けた一連の活動を振り返って改善しようとしている。 ・**計画・実践レポート**〔例3〕 ・**計画・実践記録表**〔例4〕 ・**行動観察**
	5・6	○展覧会での地域の高齢者との関わりについて，実践を評価したり，改善したりし，考えたことを分かりやすく表現することができる。 ・実践を振り返り，改善点を考える。 ・グループで実践や改善点を報告し合う。 ・地域の人々と更に関わりを深めるためにどんなことができるのかを考え，発表する。		③展覧会での地域の高齢者との関わりについて，実践を評価したり，改善したりしている。 ・**計画・実践記録表** ④展覧会での地域の高齢者との関わりについての課題解決に向けた一連の活動について，考えたことを分かりやすく表現している。 ・**行動観察**	
2　地域の人に感謝の気持ちを伝えよう〈感謝の会プロジェクト〉	1	○感謝の会に向けて地域の人々との関わりの中から問題を見いだして課題を設定することができる。 ・展覧会での地域の高齢者との関わりを振り返り，地域の人々との関わりについての問題点を話し合う。 ・グループごとに，感謝の会に向けて課題を設定する。 ＜課題の例＞ ・地域の人と楽しく会食して，つながりを深めよう ・地域の人に贈り物をプレゼントして，気持ちを伝えよう　　　　　　　　　　など ・グループごとに，具体的な内容や調べることを話し合う。		①感謝の会に向けて地域の人々との関わりの中から問題を見いだして課題を設定している。 ・**計画・実践レポート**〔例1〕	
	2　本時	○感謝の会での地域の人々との関わりに関する課題の解決に向けて，よりよい方法を考え，計画を工夫することができる。 ・グループで各自の分担を決める。 ・各自の分担について計画を立て，グループで交流し，見直す。 ・感謝の会の計画についてグループで確認する。		②感謝の会での地域の人々との関わりに関する課題の解決に向けて，よりよい生活を考え，計画を工夫している。 ・**計画・実践レポート**〔例1〕	

実践活動：地域の人に感謝の気持ちを伝えよう＜感謝の会プロジェクト＞（学級活動）

時間	学習活動		評価
3・4	○実践発表会で，感謝の会に向けた一連の活動について，考えたことを分かりやすく説明したり，発表したりすることができる。 ・感謝の会を振り返り，計画・実践レポートにまとめる。 ・実践発表会で報告し合う。 ○感謝の会での地域の人々との関わりについて実践した結果を評価・改善し，新たな課題を見付け，次の実践に取り組もうとする。 ・活動を振り返り，これからの生活で地域の人とどのように関わりたいのか考える。	④感謝の会に向けた地域の人々との関わりに関する課題解決に向けた一連の活動について，考えたことを分かりやすく説明したり，発表したりしている。 ・**行動観察** ・**計画・実践レポート** ③感謝の会での地域の人々との関わりに関する課題の解決に向けて地域で実践した結果を評価したり，改善したりしている。 ・**計画・実践レポート**	③更によりよい生活にするために，地域の人々との関わりに関する新たな課題を見付け，地域での次の実践に取り組もうとしている。 ・**計画・実践レポート**〔例３〕 ・**計画・実践記録表**〔例５〕 ・**行動観察**

※ペーパーテストについては，ある程度の内容のまとまりについて実施することも考えられる。

4　観点別学習状況の評価の進め方

　ここでは，Ａの(3)「地域の人々との関わり」と，本題材Ａの(4)のア「家族・家庭生活についての課題と実践」の二つの題材にわたる「主体的に学習に取り組む態度」の評価の具体的な例を紹介する。

本時の展開（2／4時間）

（1）題材名　　地域の人に感謝の気持ちを伝えよう　＜感謝の会プロジェクト＞

（2）本時のねらい

　　感謝の会での地域の人々との関わりに関する課題解決に向けて，よりよい方法を考え，計画を工夫することができる。

（3）学習活動と評価

時間	学習活動	指導上の留意点	評価場面・評価方法
（分） 5	1　本時の学習のめあてを確認する。 感謝の気持ちを伝えるために工夫して計画を立てよう		
20	2　感謝の会で各グループが取り組む具体的な内容について役割分担を考える。 ＜具体的な内容の例＞ Ａ：おいしいお茶とお菓子のおもてなし Ｂ：「おもてなしおにぎり」の調理 Ｃ：コースターや巾着の製作　　　　など	・各グループの計画に必要な材料の購入や用具の準備，担当する地域の人などの分担を考えるよう助言する。	

	3　各自の分担について計画を立てる。 ┌─────────┐ ┊・材料の準備, 手順 ┊ ┊・工夫すること ┊ └─────────┘	・学習カードや参考資料を確認したり, タブレット端末を活用したりできるようにする。	
10	4　グループ内で各自の計画を発表し合い, 計画を見直す。 ・友達の発表について, 工夫やアドバイスを付箋に記入して交流する。 ・自分の分担する計画を見直す。	・友達の工夫やアドバイスなどを参考にして, 地域の人に感謝の気持ちが伝わるよう計画を見直すことを助言する。	┌──────────┐ │課題解決に向け計│ │画を考え, 工夫す│ │る場面 │ └──────────┘
5	5　各自の計画を持ち寄り, 感謝の会の計画をグループで確認する。	・計画が十分にできていないグループには, 他のグループの計画を参考にするよう助言する。	■評価方法 【計画・実践レポート】 〔例1〕 思考・判断・表現②
5	6　本時の学習をまとめ, 振り返る。 ・計画を工夫するために努力したことをまとめる。	・感謝の会への見通しをもたせ, 実践への意欲につなげるようにする。	┌──────────┐ │本時の学習を振り│ │返る場面 │ └──────────┘ ■評価方法 【計画・実践レポート】 〔例1〕 【行動観察】 主体的に学習に取り組む態度①

（4）「主体的に学習に取り組む態度」の評価規準①の評価について

　本題材の「主体的に学習に取り組む態度」の評価については, 題材を通して活用する計画・実践レポートから評価する。

　2時間目の評価規準①については, ＜感謝の会プロジェクト＞計画・実践レポート〔例1〕における「計画を立てるために努力したこと」の記述内容や行動観察から評価する。D児は, 計画を振り返る場面において, 課題の解決に向けて予算に合うお菓子を検討したり, ゼリーの好みをインタビューしたりするなど, よりよい計画にしようと粘り強く取り組んだことを記述していることから「おおむね満足できる」状況（B）と判断した。

　なお, 評価規準①については, 題材1の〔2〕「地域の高齢者を案内しよう」の＜展覧会プロジェクト＞計画・実践記録表〔例2〕における「計画を立てるために努力したこと」の記述内容や行動観察による評価を参考とする。D児は, 地域の高齢者とよりよく関わるために, 事前に地域の人のことを家族に聞いたり, 案内する作品について調べたりして, よりよい計画にしようと粘り強く取り組んだことを記述していることから「おおむね満足できる」状況（B）と判断した。その際「努力を要する」状況（C）と判断される児童に対しては, 友達の計画を参考にするよう促したり, 具体的に助言したりするなどして題材1の＜展覧会プロジェクト＞の計画の作成に生かすとともに, 本題材の＜感謝の会プロジェクト＞の計画にもつなげるようにする。

地域の人に感謝の気持ちを伝えよう　感謝の会プロジェクトの計画

めあて　感謝の気持ちを伝えるために工夫して計画を立てよう

1. グループの計画

（テーマ）地域の人と楽しく会食しよう〜おいしいお茶とおかしのおもてなし〜

準備するもの	担当	招待する地域の人	おもてなし担当
茶葉の買物	A・B		A
おかしの買物	C・D		B
用	A・B		C
具	C・D		D

2. 分担すること

計画① おかし（ゼリー）の買物　　感謝の会：3月5日
＜商品の情報＞　　　　　　予算：1200円以内（8人分）

種類	果物	あずき	コーヒー
ねだん	160円	140円	240円
内容量	160g	70g	70g×3個
賞味期限	4月2日	3月28日	3月4日
好み	◎	○	△
包装	個包装	個包装	個包装，外包

◎好みの人が多い ○好みの人がやや多い △好みの人がやや少ない
＜選ぶ商品＞あずきのゼリー

工夫することや理由
賞味期限とねだんが目的に合っているからです。コーヒーゼリーは，賞味期限切れになるし，果物ゼリーは，予算不足になるからです。また，あずきゼリーは，食後にちょうどよい量だからです。　思②

計画②　おいしいお茶の入れ方

工夫することや理由
お湯の温度に気をつけて，おいしいお茶をいれます。1人分のお茶の量とこさが同じになるように気をつけます。　思②

3. 計画の交流

買物にはマイバッグを持っていくといいね。　○○より

マイバッグを持って行き，ビニール袋を断る。

○○さんは，薄めのお茶が好みだと聞いたよ。　○○より

好みに合わせて，お茶のこさを変える。

[友達] [D児]

4. 計画を立てるために努力したこと

和がしにしようと思ってお店に行ってみたら，予算に合う和がしがなかったのでゼリーを買うことにしました。ゼリーは種類がたくさんあって決められなかったので，地域の人にゼリーの好みをインタビューしました。　態①

＜主体的に学習に取り組む態度＞①
※「十分満足できる」状況（A）と判断した児童の具体的な例

地域の人には高齢者が多いので，食べやすい和がしにしようと思いましたが，予算が足りないし，賞味期限も近いので，ゼリーを買うことにしました。
ゼリーは種類がたくさんあるし，賞味期限も和がしに比べて長いので，地域の人にゼリーの好みをインタビューし，情報を集めました。

　地域の高齢者に喜んでもらうことを考えて，予算だけではなく食べやすさや賞味期限も考えるなど，よりよい計画にしようと粘り強く取り組んだことを記述していることから（A）と判断した。

＜展覧会プロジェクト＞計画・実践記録表の一部〔例２〕（４／６時間）　　D児

展覧会に地域の人を案内しよう　展覧会プロジェクトの計画

めあて

1. グループでの計画

（案内する地域の人）○○さん

1年生の作品から6年生の作品まで順番に案内する。			

2. 分担すること

＜1年生の作品案内＞

＜4年生の作品案内＞

工夫すること
○○さんは，足が痛いと聞いたから，案内するときは，ゆっくり歩くようにします。

3. 計画の交流

4. 計画を立てるために努力したこと

私は，案内する地域の人のことを知らなかったので，家族に聞いてみました。1年生と4年生の作品を見に行って，大変だったことや作り方をインタビューしました。　態①

【参考資料】題材2における「主体的に学習に取り組む態度」の評価規準②③の評価について

　評価規準②③については，題材2の＜感謝の会プロジェクト＞計画・実践レポート〔例3〕の記述内容や行動観察から評価する。

　評価規準②については，例えば，題材2の3時間目の感謝の会を振り返る場面で，D児は，地域の人々に思いを伝えることについて適切に自己評価し，友達の方法を参考に，地域の人々との関わり方を改善しようとしていることから「おおむね満足できる」状況（B）と判断した。その際，地域の人からの感想を評価の参考とすることも考えられる。

　なお，評価規準②と評価規準①の学びの姿は，相互に関わり合いながら立ち現れることに留意する必要がある。

　評価規準③については，例えば，4時間目の地域の人々とのこれからのよりよい関わりについて考える場面で，D児は，更に触れ合いを深め，よりよい生活にするために，地域の行事に参加するなど，地域の人々との関わりについて新たな課題を見付け，実践に取り組もうとしていることから「おおむね満足できる」状況（B）と判断した。

＜感謝の会プロジェクト＞計画・実践レポートの一部
〔例3〕（3〜4／4時間）　　D児

地域の人に感謝の気持ちを伝えよう　感謝の会のプロジェクトの実践
めあて　感謝の会をふり返ろう。

実践日	3月 5日	実践したこと	地域の人と楽しく会食しよう ～おいしいお茶とおかしの おもてなし～

1. 実践のふり返り
①実践の様子（文章や図，イラスト，写真など）

②計画どおりに実践できたか　　

③思いを伝えることができたか　　

地域の人に自分の思いをうまく伝えることができませんでした。グループの友達は，お茶をだすときに感謝の気持ちを伝えたり，展覧会のときのことを話したりしていたので，まねしてみようと思います。

態②

＜地域の人から＞☆地域の人から感想をいただきましょう。

2. よりよい生活に向けて
☆地域の人々とよりよく関わるためにこれから取り組みたいこと
【取り組むこと】
　地域の行事に参加する。
【理由】
　地域の人となかよくなれることが分かったので，地域のお祭りや運動会に参加したいと思います。

態③

＜主体的に学習に取り組む態度＞②
※「十分満足できる」状況（A）と判断した児童の具体的な例

・・・自分は，どうしたらよいかを考えてみると，おかしのことを話題にしたらよかったです。はじめは，ゼリーじゃなくて和がしにしようと思っていたことを話したり，あずきゼリーの感想を聞いたりすると会話ができたと思います。

　地域の人々と関わるために関わり方を改善しようと，具体的な考えを記述していることから（A）と判断した。

＜主体的に学習に取り組む態度＞③
※「十分満足できる」状況（A）と判断した児童の具体的な例

【取り組むこと】
地域の行事に協力する。
【理由】
地域の高齢者などとどのように関わったらよいのかが分かったので，これからは，いろいろな行事などで協力したいと思います。

　地域の行事に参加するだけではなく，地域の人と協力するなど，より主体的に関わろうとしていることから（A）と判断した。

【参考資料】題材１における「主体的に学習に取り組む態度」の評価規準②③の評価について

　なお，評価規準②③については，題材１の＜展覧会プロジェクト＞計画・実践記録表〔例４〕，〔例５〕の記述内容や行動観察による評価を参考とする。

　評価規準②については，例えば，題材１の５時間目の展覧会での地域の高齢者との関わりを振り返る場面で，Ｄ児は，地域の高齢者に配慮した計画になっているかを適切に自己評価し，階段の上り下りや話し方について改善しようとしていることから「おおむね満足できる」状況（Ｂ）と判断した。その際，「努力を要する」状況（Ｃ）と判断される児童に対しては，うまくできたこと，できなかったことを児童と一緒に確認し，よりよく関わることができるよう具体的に助言するなどして，題材１の＜展覧会プロジェクト＞に生かすとともに，題材２の＜感謝の会プロジェクト＞における計画の評価・改善にもつなげるようにする。

＜展覧会プロジェクト＞計画・実践記録表の一部〔例４〕（５／６時間）Ｄ児

展覧会プロジェクトをふり返ろう

・他のグループより時間がかかってしまいました。スムーズに案内していたグループは，階段の上り下りを少なくするようにしていたことに気づきました。

・案内するときは，作品説明しかできませんでした。会話が続かなくて，ちょっと気まずい感じになりました。もっと近くで話しかけないと聞こえにくいことが分かったので気をつけたいと思います。

態②

＜主体的に学習に取り組む態度＞②
※「十分満足できる」状況（Ａ）と判断した児童の具体的な例

・・・・高齢者の身になって考えると，階段の上り下りに手すりを使ったり，近くで少し大きな声で話しかけたりした方がよいと思いました。

・・・・５年生のときに習った「家族とホッとタイム」のように，温かいお茶を出したら，和やかに会話をすることができると思いました。

　よりよく関わるために高齢者の身になって考えたり，これまでの学習を生かそうとしたりしていることから（Ａ）と判断した。

　評価規準③については，例えば，題材１の６時間目の地域の高齢者との関わりを深めるためにどんなことができるのかを考える場面で，Ｄ児は，新たな課題を見付け，地域の高齢者を招待してもてなすことなどを実践しようとしていることから「おおむね満足できる」状況（Ｂ）と判断した。

＜展覧会プロジェクト＞計画・実践記録表の一部〔例５〕（６／６時間）Ｄ児

もっと仲よくなるために・・・

展覧会を案内したことで地域の高齢者の人と知り合いになれた。もっと仲よくなるために，地域の人を招待してもてなしたいです。

態③

＜主体的に学習に取り組む態度＞③
※「十分満足できる」状況（Ａ）と判断した児童の具体的な例

展覧会プロジェクトで地域の高齢者の人と仲よくなり，私たちのことを温かく見守ってくれていたことが分かりました。次は，地域の人を招待し，家庭科の調理や製作などでできるようになったことを生かして感謝の気持ちを伝えたいです。

　地域の人とのつながりを深め，主体的に関わるために具体的に記述していることから（Ａ）と判断した。

巻末資料

小学校家庭科における「内容のまとまりごとの評価規準（例）」

1 教科の目標と評価の観点及びその趣旨

　生活の営みに係る見方・考え方を働かせ，衣食住などに関する実践的・体験的な活動を通して，生活をよりよくしようと工夫する資質・能力を次のとおり育成することを目指す。

	（1）	（2）	（3）
目標	家族や家庭，衣食住，消費や環境などについて，日常生活に必要な基礎的な理解を図るとともに，それらに係る技能を身に付けるようにする。	日常生活の中から問題を見いだして課題を設定し，様々な解決方法を考え，実践を評価・改善し，考えたことを表現するなど，課題を解決する力を養う。	家庭生活を大切にする心情を育み，家族や地域の人々との関わりを考え，家族の一員として，生活をよりよくしようと工夫する実践的な態度を養う。

（小学校学習指導要領 P.136）

観点	知識・技能	思考・判断・表現	主体的に学習に取り組む態度
趣旨	日常生活に必要な家族や家庭，衣食住，消費や環境などについて理解しているとともに，それらに係る技能を身に付けている。	日常生活の中から問題を見いだして課題を設定し，様々な解決方法を考え，実践を評価・改善し，考えたことを表現するなどして課題を解決する力を身に付けている。	家族の一員として，生活をよりよくしようと，課題の解決に主体的に取り組んだり，振り返って改善したりして，生活を工夫し，実践しようとしている。

（改善等通知　別紙4　P.18）

2 内容のまとまりごとの評価規準（例）
「A 家族・家庭生活」
(1)「自分の成長と家族・家庭生活」

知識・技能	思考・判断・表現	主体的に学習に取り組む態度
自分の成長を自覚し，家庭生活と家族の大切さや家庭生活が家族の協力によって営まれていることに気付いている。		家族の一員として，生活をよりよくしようと，2学年間の学習に見通しをもち，課題の解決に向けて主体的に取り組んだり，振り返って改善したりして，生活を工夫し，実践しようとしている。

(2)「家庭生活と仕事」

知識・技能	思考・判断・表現	主体的に学習に取り組む態度
家庭には，家庭生活を支える仕事があり，互いに協力し分担す	家庭の仕事について問題を見いだして課題を設定し，様々な解	家族の一員として，生活をよりよくしようと，家庭生活と仕事

知識・技能	思考・判断・表現	主体的に学習に取り組む態度
る必要があることや生活時間の有効な使い方について理解している。	決方法を考え，実践を評価・改善し，考えたことを表現するなどして課題を解決する力を身に付けている。	について，課題の解決に向けて主体的に取り組んだり，振り返って改善したりして，生活を工夫し，実践しようとしている。

(3)「家族や地域の人々との関わり」

知識・技能	思考・判断・表現	主体的に学習に取り組む態度
・家族との触れ合いや団らんの大切さについて理解している。 ・家庭生活は地域の人々との関わりで成り立っていることが分かり，地域の人々との協力が大切であることを理解している。	家族や地域の人々とのよりよい関わりについて問題を見いだして課題を設定し，様々な解決方法を考え，実践を評価・改善し，考えたことを表現するなどして課題を解決する力を身に付けている。	家族の一員として，生活をよりよくしようと，家族や地域の人々との関わりについて，課題の解決に向けて主体的に取り組んだり，振り返って改善したりして，生活を工夫し，実践しようとしている。

(4)「家族・家庭生活についての課題と実践」

知識・技能	思考・判断・表現	主体的に学習に取り組む態度
	家庭の仕事又は家族や地域の人々との関わりについて日常生活の中から問題を見いだして課題を設定し，様々な解決方法を考え，計画を立てて実践した結果を評価・改善し，考えたことを表現するなどして課題を解決する力を身に付けている。	家族の一員として，生活をよりよくしようと，家庭の仕事又は家族や地域の人々との関わりについて，課題の解決に向けて主体的に取り組んだり，振り返って改善したりして，生活を工夫し，家庭や地域などで実践しようとしている。

「B　衣食住の生活」
(1)「食事の役割」

知識・技能	思考・判断・表現	主体的に学習に取り組む態度
食事の役割が分かり，日常の食事の大切さと食事の仕方について理解している。	楽しく食べるために日常の食事の仕方について問題を見いだして課題を設定し，様々な解決方法を考え，実践を評価・改善し，考えたことを表現するなどして課題を解決する力を見に付けている。	家族の一員として，生活をよりよくしようと，食事の役割について，課題の解決に向けて主体的に取り組んだり，振り返って改善したりして，生活を工夫し，実践しようとしている。

巻末資料

(2)「調理の基礎」

知識・技能	思考・判断・表現	主体的に学習に取り組む態度
・調理に必要な材料の分量や手順が分かり，調理計画について理解している。 ・調理に必要な用具や食器の安全で衛生的な取扱い及び加熱用調理器具の安全な取扱いについて理解しているとともに，適切に使用できる。 ・材料に応じた洗い方，調理に適した切り方，味の付け方，盛り付け，配膳及び後片付けを理解しているとともに，適切にできる。 ・材料に適したゆで方，いため方を理解しているとともに，適切にできる。 ・伝統的な日常食である米飯及びみそ汁の調理の仕方を理解しているとともに，適切にできる。	おいしく食べるために調理計画や調理の仕方について問題を見いだして課題を設定し，様々な解決方法を考え，実践を評価・改善し，考えたことを表現するなどして課題を解決する力を身に付けている。	家族の一員として，生活をよりよくしようと，調理の基礎について，課題の解決に向けて主体的に取り組んだり，振り返って改善したりして，生活を工夫し，実践しようとしている。

(3)「栄養を考えた食事」

知識・技能	思考・判断・表現	主体的に学習に取り組む態度
・体に必要な栄養素の種類と主な働きについて理解している。 ・食品の栄養的な特徴が分かり，料理や食品を組み合わせてとる必要があることを理解している。 ・献立を構成する要素が分かり，1食分の献立作成の方法について理解している。	1食分の献立の栄養のバランスについて問題を見いだして課題を設定し，様々な解決方法を考え，実践を評価・改善し，考えたことを表現するなどして課題を解決する力を身に付けている。	家族の一員として，生活をよりよくしようと，栄養を考えた食事について，課題の解決に向けて主体的に取り組んだり，振り返って改善したりして，生活を工夫し，実践しようとしている。

(4)「衣服の着用と手入れ」

知識・技能	思考・判断・表現	主体的に学習に取り組む態度
・衣服の主な働きが分かり，季節	日常着の快適な着方や手入れの	家族の一員として，生活をより

巻末資料

知識・技能	思考・判断・表現	主体的に学習に取り組む態度
や状況に応じた日常着の快適な着方について理解している。 ・日常着の手入れが必要であることや，ボタンの付け方及び洗濯の仕方を理解しているとともに，適切にできる。	仕方について問題を見いだして課題を設定し，様々な解決方法を考え，実践を評価・改善し，考えたことを表現するなどして課題を解決する力を身に付けている。	よくしようと，衣服の着用と手入れについて，課題の解決に向けて主体的に取り組んだり，振り返って改善したりして，生活を工夫し，実践しようとしている。

(5)「生活を豊かにするための布を用いた製作」

知識・技能	思考・判断・表現	主体的に学習に取り組む態度
・製作に必要な材料や手順が分かり，製作計画について理解している。 ・手縫いやミシン縫いによる目的に応じた縫い方及び用具の安全な取扱いについて理解しているとともに，適切にできる。	生活を豊かにするための布を用いた物の製作計画や製作について問題を見いだして課題を設定し，様々な解決方法を考え，実践を評価・改善し，考えたことを表現するなどして課題を解決する力を身に付けている。	家族の一員として，生活をよりよくしようと，生活を豊かにするための布を用いた製作について，課題の解決に向けて主体的に取り組んだり，振り返って改善したりして，生活を工夫し，実践しようとしている。

(6)「快適な住まい方」

知識・技能	思考・判断・表現	主体的に学習に取り組む態度
・住まいの主な働きが分かり，季節の変化に合わせた生活の大切さや住まい方について理解している。 ・住まいの整理・整頓や清掃の仕方を理解しているとともに，適切にできる。	季節の変化に合わせた住まい方，整理・整頓や清掃の仕方について問題を見いだして課題を設定し，様々な解決方法を考え，実践を評価・改善し，考えたことを表現するなどして課題を解決する力を身に付けている。	家族の一員として，生活をよりよくしようと，快適な住まい方について，課題の解決に向けて主体的に取り組んだり，振り返って改善したりして，生活を工夫し，実践しようとしている。

「C 消費生活・環境」
(1)「物や金銭の使い方と買物」

知識・技能	思考・判断・表現	主体的に学習に取り組む態度
・買物の仕組みや消費者の役割が分かり，物や金銭の大切さと計画的な使い方について理解している。 ・身近な物の選び方，買い方を理解しているとともに，購入するために必要な情報の収集・整理が適切にできる。	身近な物の選び方，買い方について問題を見いだして課題を設定し，様々な解決方法を考え，実践を評価・改善し，考えたことを表現するなどして課題を解決する力を身に付けている。	家族の一員として，生活をよりよくしようと，物や金銭の使い方と買物について，課題の解決に向けて主体的に取り組んだり，振り返って改善したりして，生活を工夫し，実践しようとしている。

(2)「環境に配慮した生活」

知識・技能	思考・判断・表現	主体的に学習に取り組む態度
自分の生活と身近な環境との関わりや環境に配慮した物の使い方などについて理解している。	環境に配慮した生活について物の使い方などに問題を見いだして課題を設定し，様々な解決方法を考え，実践を評価・改善し，考えたことを表現するなどして課題を解決する力を身に付けている。	家族の一員として，生活をよりよくしようと，環境に配慮した生活について，課題の解決に向けて主体的に取り組んだり，振り返って改善したりして，生活を工夫し，実践しようとしている。

巻末
資料

評価規準，評価方法等の工夫改善に関する調査研究について

平成 31 年 2 月 4 日　国立教育政策研究所長裁定

平成 31 年 4 月 12 日　一　　部　　改　　正

1　趣　旨

　　学習評価については，中央教育審議会初等中等教育分科会教育課程部会において「児童生徒の学習評価の在り方について」（平成 31 年 1 月 21 日）の報告がまとめられ，新しい学習指導要領に対応した，各教科等の評価の観点及び評価の観点に関する考え方が示されたところである。

　　これを踏まえ，各小学校，中学校及び高等学校における児童生徒の学習の効果的，効率的な評価に資するため，教科等ごとに，評価規準，評価方法等の工夫改善に関する調査研究を行う。

2　調査研究事項

（1）評価規準及び当該規準を用いた評価方法に関する参考資料の作成

（2）学校における学習評価に関する取組についての情報収集

（3）上記（1）及び（2）に関連する事項

3　実施方法

　　調査研究に当たっては，教科等ごとに教育委員会関係者，教師及び学識経験者等を協力者として委嘱し，2 の事項について調査研究を行う。

4　庶　務

　　この調査研究にかかる庶務は，教育課程研究センターにおいて処理する。

5　実施期間

　　平成 31 年 4 月 19 日～令和 2 年 3 月 31 日

巻末
資料

評価規準，評価方法等の工夫改善に関する調査研究協力者（五十音順）

（職名は平成 31 年 4 月現在）

大平　はな　　　　横浜市教育委員会主任指導主事

小峯由起子　　　　埼玉県羽生市立須影小学校長

鈴木　明子　　　　広島大学大学院教授

筒井　恭子　　　　前国立教育政策研究所教育課程研究センター研究開発部教育課程調査官

出口　芳子　　　　東京都大田区立松仙小学校主任教諭

永田　晴子　　　　大妻女子大学専任講師

藤井　純子　　　　茨城県水戸市立寿小学校教諭

国立教育政策研究所においては，次の関係官が担当した。

丸山　早苗　　　　国立教育政策研究所教育課程研究センター研究開発部教育課程調査官

この他，本書編集の全般にわたり，国立教育政策研究所において以下の者が担当した。

笹井　弘之　　　　国立教育政策研究所教育課程研究センター長

清水　正樹　　　　国立教育政策研究所教育課程研究センター研究開発部副部長

髙井　　修　　　　国立教育政策研究所教育課程研究センター研究開発部研究開発課長

高橋　友之　　　　国立教育政策研究所教育課程研究センター研究開発部研究開発課指導係長

奥田　正幸　　　　国立教育政策研究所教育課程研究センター研究開発部研究開発課指導係専門職

森　　孝博　　　　国立教育政策研究所教育課程研究センター研究開発部教育課程調査官

学習指導要領等関係資料について

　学習指導要領等の関係資料は以下のとおりです。いずれも，文部科学省や国立教育政策研究所のウェブサイトから閲覧が可能です。スマートフォンなどで閲覧する際は，以下の二次元コードを読み取って，資料に直接アクセスする事が可能です。本書と合わせて是非ご覧ください。

---

① 学習指導要領、学習指導要領解説　等
② 中央教育審議会答申「幼稚園、小学校、中学校、高等学校及び特別支援学校の学習指導要領等の改善及び必要な方策等について」（平成28年12月21日）
③ 中央教育審議会初等中等教育分科会教育課程部会報告「児童生徒の学習評価の在り方について」（平成31年1月21日）
④ 小学校，中学校，高等学校及び特別支援学校等における児童生徒の学習評価及び指導要録の改善等について（平成31年3月29日30文科初第1845号初等中等教育局長通知）
　　　　　　　　　　　　　　※各教科等の評価の観点等及びその趣旨や指導要録（参考様式）は，同通知に掲載。
⑤ 学習評価の在り方ハンドブック(小・中学校編)（令和元年6月）
⑥ 学習評価の在り方ハンドブック(高等学校編)（令和元年6月）
⑦ 平成29年改訂の小・中学校学習指導要領に関するQ&A
⑧ 平成30年改訂の高等学校学習指導要領に関するQ&A
⑨ 平成29・30年改訂の学習指導要領下における学習評価に関するQ&A

巻末
資料

① ② ③
④ ⑤ ⑥
⑦ ⑧ ⑨

学習評価の
在り方
ハンドブック

小・中学校編

P2　学習指導要領　学習指導要領解説

P4　学習評価の基本的な考え方

P6　学習評価の基本構造

P7　特別の教科 道徳, 外国語活動, 総合的な学習の時間及び特別活動の評価について

P8　観点別学習状況の評価について

P10　学習評価の充実

P12　Q&A　－先生方の質問にお答えします－

文部科学省　国立教育政策研究所教育課程研究センター

学習指導要領

学習指導要領とは, 国が定めた「教育課程の基準」です。
（学校教育法施行規則第52条, 74条, 84条及び129条等より）

■学習指導要領の構成
〈小学校の例〉

総則は, 以下の項目で整理され,
全ての教科等に共通する事項が記載されています。

- 第1　小学校教育の基本と教育課程の役割
- 第2　教育課程の編成
- 第3　教育課程の実施と学習評価
- 第4　児童の発達の支援
- 第5　学校運営上の留意事項
- 第6　道徳教育に関する配慮事項

> 学習評価の
> 実施に当たっての
> 配慮事項

前文
第1章　総則
第2章　各教科
　　　　第1節　　国語
　　　　第2節　　社会
　　　　第3節　　算数
　　　　第4節　　理科
　　　　第5節　　生活
　　　　第6節　　音楽
　　　　第7節　　図画工作
　　　　第8節　　家庭
　　　　第9節　　体育
　　　　第10節　 外国語
第3章　特別の教科 道徳
第4章　外国語活動
第5章　総合的な学習の時間
第6章　特別活動

各教科等の目標, 内容等が記載されています。

（例）第1節　国語

- 第1　目標
- 第2　各学年の目標及び内容
- 第3　指導計画の作成と内容の取扱い

　平成29年改訂学習指導要領の各教科等の目標や内容は,
教育課程全体を通して育成を目指す資質・能力の三つの柱に
基づいて再整理されています。

ア　何を理解しているか, 何ができるか
　　（生きて働く「知識・技能」の習得）
イ　理解していること・できることをどう使うか（未知の状況にも
　　対応できる「思考力・判断力・表現力等」の育成）
ウ　どのように社会・世界と関わり, よりよい人生を送るか
　　（学びを人生や社会に生かそうとする「学びに向かう力・
　　人間性等」の涵養）

平成29年改訂「小学校学習指導要領」より
※中学校もおおむね同様の構成です。

詳しくは, 文部科学省Webページ「学習指導要領のくわしい内容」をご覧ください。
(http://www.mext.go.jp/a_menu/shotou/new-cs/1383986.htm)

学習指導要領解説

　学習指導要領解説とは,大綱的な基準である学習指導要領の記述の意味や解釈などの詳細について説明するために,文部科学省が作成したものです。

■学習指導要領解説の構成
〈小学校 国語編の例〉

●第1章　総説
　　　　1　改訂の経緯及び基本方針
　　　　2　国語科の改訂の趣旨及び要点

> 総説
> 改訂の経緯及び
> 基本方針

●第2章　国語科の目標及び内容
　　第1節　国語科の目標
　　　　1　教科の目標
　　　　2　学年の目標
　　第2節　国語科の内容
　　　　1　内容の構成
　　　　2　〔知識及び技能〕の内容
　　　　3　〔思考力,判断力,表現力等〕の内容

●第3章　各学年の内容
　　第1節　第1学年及び第2学年の内容
　　　　1　〔知識及び技能〕
　　　　2　〔思考力,判断力,表現力等〕
　　第2節　第3学年及び第4学年の内容
　　　　1　〔知識及び技能〕
　　　　2　〔思考力,判断力,表現力等〕
　　第3節　第5学年及び第6学年の内容
　　　　1　〔知識及び技能〕
　　　　2　〔思考力,判断力,表現力等〕

●第4章　指導計画の作成と内容の取扱い
　　　　1　指導計画作成上の配慮事項
　　　　2　内容の取扱いについての配慮事項
　　　　3　教材についての配慮事項

> 指導計画作成や
> 内容の取扱いに係る配慮事項

●付録
　付録1：学校教育施行規則(抄)
　付録2：小学校学習指導要領　第1章　総則
　付録3：小学校学習指導要領　第2章　第1節　国語
　付録4：教科の目標,各学年の目標及び内容の系統表
　　　　　(小・中学校国語科)
　付録5：中学校学習指導要領　第2章　第1節　国語
　付録6：小学校学習指導要領　第2章　第10節　外国語
　付録7：小学校学習指導要領　第4章　外国語活動
　付録8：小学校学習指導要領　第3章　特別の教科　道徳
　付録9：「道徳の内容」の学年段階・学校段階の一覧表
　付録10：幼稚園教育要領

> 教科等の目標
> 及び内容の概要

> 参考
> (系統性等)

> 学年や
> 分野ごとの内容

「小学校学習指導要領解説 国語編」より
※中学校もおおむね同様の構成です。「総則編」,「総合的な学習の時間編」及び「特別活動編」は異なった構成となっています。

教師は,学習指導要領で定めた資質・能力が,児童生徒に確実に育成されているかを評価します

学習評価の基本的な考え方

　学習評価は，学校における教育活動に関し，児童生徒の学習状況を評価するものです。「児童生徒にどういった力が身に付いたか」という学習の成果を的確に捉え，**教師が指導の改善を図る**とともに，**児童生徒自身が自らの学習を振り返って次の学習に向かうことができるようにする**ためにも，学習評価の在り方は重要であり，教育課程や学習・指導方法の改善と一貫性のある取組を進めることが求められます。

カリキュラム・マネジメントの一環としての指導と評価

　各学校は，日々の授業の下で児童生徒の学習状況を評価し，その結果を児童生徒の学習や教師による指導の改善や学校全体としての教育課程の改善，校務分掌を含めた組織運営等の改善に生かす中で，学校全体として組織的かつ計画的に教育活動の質の向上を図っています。

　このように，「学習指導」と「学習評価」は学校の教育活動の根幹であり，教育課程に基づいて組織的かつ計画的に教育活動の質の向上を図る「カリキュラム・マネジメント」の中核的な役割を担っています。

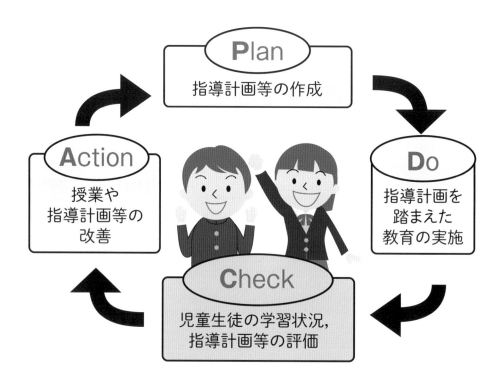

主体的・対話的で深い学びの視点からの授業改善と評価

　指導と評価の一体化を図るためには，児童生徒一人一人の学習の成立を促すための評価という視点を一層重視することによって，教師が自らの指導のねらいに応じて授業の中での児童生徒の学びを振り返り，学習や指導の改善に生かしていくというサイクルが大切です。平成29年改訂学習指導要領で重視している「主体的・対話的で深い学び」の視点からの授業改善を通して，各教科等における資質・能力を確実に育成する上で，学習評価は重要な役割を担っています。

☑ 教師の指導改善に
つながるものにしていくこと

☑ 児童生徒の学習改善に
つながるものにしていくこと

☑ これまで慣行として行われてきたことでも，
必要性・妥当性が認められないものは
見直していくこと

次の授業では
〇〇を重点的に
指導しよう。

〇〇のところは
もっと〜した方が
よいですね。

詳しくは，平成31年3月29日文部科学省初等中等教育局長通知「小学校,中学校,高等学校及び特別支援学校等における児童生徒の学習評価及び指導要録の改善等について（通知）」をご覧ください。
(http://www.mext.go.jp/b_menu/hakusho/nc/1415169.htm)

コラム　　評価に戸惑う児童生徒の声

「先生によって観点の重みが違うんです。授業態度をとても重視する先生もいるし，テストだけで判断するという先生もいます。そうすると，どう努力していけばよいのか本当に分かりにくいんです。」（中央教育審議会初等中等教育分科会教育課程部会 児童生徒の学習評価に関するワーキンググループ第7回における高等学校3年生の意見より）

あくまでこれは一部の意見ですが，学習評価に対する児童生徒のこうした意見には，適切な評価を求める切実な思いが込められています。そのような児童生徒の声に応えるためにも，教師は，児童生徒への学習状況のフィードバックや，授業改善に生かすという評価の機能を一層充実させる必要があります。教師と児童生徒が共に納得する学習評価を行うためには，評価規準を適切に設定し，評価の規準や方法について，教師と児童生徒及び保護者で共通理解を図るガイダンス的な機能と，児童生徒の自己評価と教師の評価を結び付けていくカウンセリング的な機能を充実させていくことが重要です。

Column

学習評価の基本構造

　平成29年改訂で, 学習指導要領の目標及び内容が資質・能力の三つの柱で再整理されたことを踏まえ, 各教科における観点別学習状況の評価の観点については, 「知識・技能」,「思考・判断・表現」,「主体的に学習に取り組む態度」の3観点に整理されています。

「学びに向かう力, 人間性等」には
①「主体的に学習に取り組む態度」として観点別評価（学習状況を分析的に捉える）を通じて見取ることができる部分と,
②観点別評価や評定にはなじまず, こうした評価では示しきれないことから個人内評価を通じて見取る部分があります。

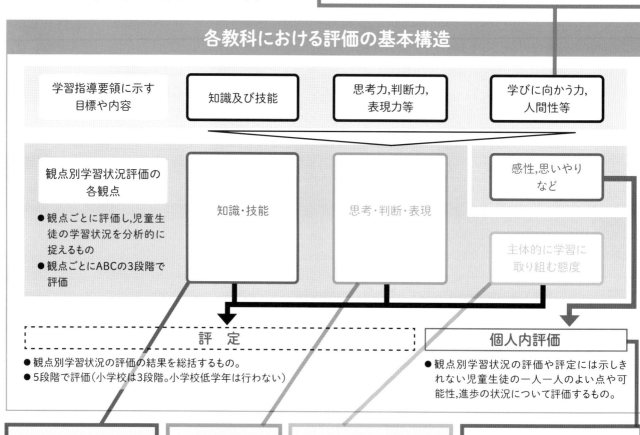

各教科における評価の基本構造

学習指導要領に示す目標や内容

| 知識及び技能 | 思考力,判断力,表現力等 | 学びに向かう力,人間性等 |

観点別学習状況評価の各観点
- 観点ごとに評価し,児童生徒の学習状況を分析的に捉えるもの
- 観点ごとにABCの3段階で評価

知識・技能　　思考・判断・表現　　感性,思いやりなど

主体的に学習に取り組む態度

評定
- 観点別学習状況の評価の結果を総括するもの。
- 5段階で評価（小学校は3段階。小学校低学年は行わない）

個人内評価
- 観点別学習状況の評価や評定には示しきれない児童生徒の一人一人のよい点や可能性,進歩の状況について評価するもの。

　各教科等における学習の過程を通した知識及び技能の習得状況について評価を行うとともに, それらを既有の知識及び技能と関連付けたり活用したりする中で, 他の学習や生活の場面でも活用できる程度に概念等を理解したり, 技能を習得したりしているかを評価します。

　各教科等の知識及び技能を活用して課題を解決する等のために必要な思考力, 判断力, 表現力等を身に付けているかどうかを評価します。

　知識及び技能を獲得したり, 思考力, 判断力, 表現力等を身に付けたりするために, 自らの学習状況を把握し, 学習の進め方について試行錯誤するなど自らの学習を調整しながら, 学ぼうとしているかどうかという意思的な側面を評価します。

　個人内評価の対象となるものについては, 児童生徒が学習したことの意義や価値を実感できるよう, 日々の教育活動等の中で児童生徒に伝えることが重要です。特に, 「学びに向かう力,人間性等」のうち「感性や思いやり」など児童生徒一人一人のよい点や可能性, 進歩の状況などを積極的に評価し児童生徒に伝えることが重要です。

　詳しくは, 平成31年1月21日文部科学省中央教育審議会初等中等教育分科会教育課程部会「児童生徒の学習評価の在り方について（報告）」をご覧ください。
（http://www.mext.go.jp/b_menu/shingi/chukyo/chukyo3/004/gaiyou/1412933.htm）

学習評価の基本構造

特別の教科 道徳, 外国語活動, 総合的な学習の時間及び特別活動の評価について

　特別の教科 道徳, 外国語活動(小学校のみ), 総合的な学習の時間, 特別活動についても, 学習指導要領で示したそれぞれの目標や特質に応じ, 適切に評価します。なお, 道徳科の評価は, 入学者選抜の合否判定に活用することのないようにする必要があります。

▍特別の教科 道徳(道徳科)

　児童生徒の人格そのものに働きかけ, 道徳性を養うことを目標とする道徳科の評価としては, 観点別評価は妥当ではありません。授業において児童生徒に考えさせることを明確にして,「道徳的諸価値についての理解を基に, 自己を見つめ, 物事を(広い視野から)多面的・多角的に考え, 自己の(人間としての)生き方についての考えを深める」という学習活動における児童生徒の具体的な取組状況を, 一定のまとまりの中で, 児童生徒が学習の見通しを立てたり学習したことを振り返ったりする活動を適切に設定しつつ, 学習活動全体を通して見取ります。

▍外国語活動(小学校のみ)

　評価の観点については, 学習指導要領に示す「第1目標」を踏まえ, 右の表を参考に設定することとしています。この3つの観点に則して児童の学習状況を見取ります。

知識・技能	思考・判断・表現	主体的に学習に取り組む態度
●外国語を通して, 言語や文化について体験的に理解を深めている。 ●日本語と外国語の音声の違い等に気付いている。 ●外国語の音声や基本的な表現に慣れ親しんでいる。	身近で簡単な事柄について, 外国語で聞いたり話したりして自分の考えや気持ちなどを伝え合っている。	外国語を通して, 言語やその背景にある文化に対する理解を深め, 相手に配慮しながら, 主体的に外国語を用いてコミュニケーションを図ろうとしている。

▍総合的な学習の時間

　評価の観点については, 学習指導要領に示す「第1目標」を踏まえ, 各学校において具体的に定めた目標, 内容に基づいて, 右の表を参考に定めることとしています。この3つの観点に則して児童生徒の学習状況を見取ります。

知識・技能	思考・判断・表現	主体的に学習に取り組む態度
探究的な学習の過程において, 課題の解決に必要な知識や技能を身に付け, 課題に関わる概念を形成し, 探究的な学習のよさを理解している。	実社会や実生活の中から問いを見いだし, 自分で課題を立て, 情報を集め, 整理・分析して, まとめ・表現している。	探究的な学習に主体的・協働的に取り組もうとしているとともに, 互いのよさを生かしながら, 積極的に社会に参画しようとしている。

▍特別活動

　特別活動の特質と学校の創意工夫を生かすということから, 設置者ではなく, 各学校が評価の観点を定めることとしています。その際, 学習指導要領に示す特別活動の目標や学校として重点化した内容を踏まえ, 例えば以下のように, 具体的に観点を示すことが考えられます。

特別活動の記録								
内容	観点	学年	1	2	3	4	5	6
学級活動	よりよい生活を築くための知識・技能		○		○	○	○	
児童会活動	集団や社会の形成者としての思考・判断・表現			○	○		○	
クラブ活動	主体的に生活や人間関係をよりよくしようとする態度					○		
学校行事				○		○	○	

　各学校で定めた観点を記入した上で, 内容ごとに, 十分満足できる状況にあると判断される場合に, ○印を記入します。

　○印をつけた具体的な活動の状況等については,「総合所見及び指導上参考となる諸事項」の欄に簡潔に記述することで, 評価の根拠を記録に残すことができます。

小学校児童指導要録(参考様式)様式2の記入例(5年生の例)

　なお, 特別活動は学級担任以外の教師が指導する活動が多いことから, 評価体制を確立し, 共通理解を図って, 児童生徒のよさや可能性を多面的・総合的に評価するとともに, 確実に資質・能力が育成されるよう指導の改善に生かすことが求められます。

観点別学習状況の評価について

　観点別学習状況の評価とは，学習指導要領に示す目標に照らして，その実現状況がどのようなものであるかを，観点ごとに評価し，児童生徒の学習状況を分析的に捉えるものです。

▌「知識・技能」の評価の方法

　「知識・技能」の評価の考え方は，従前の評価の観点である「知識・理解」，「技能」においても重視してきたところです。具体的な評価方法としては，例えばペーパーテストにおいて，事実的な知識の習得を問う問題と，知識の概念的な理解を問う問題とのバランスに配慮するなどの工夫改善を図る等が考えられます。また，児童生徒が文章による説明をしたり，各教科等の内容の特質に応じて，観察・実験をしたり，式やグラフで表現したりするなど実際に知識や技能を用いる場面を設けるなど，多様な方法を適切に取り入れていくこと等も考えられます。

▌「思考・判断・表現」の評価の方法

　「思考・判断・表現」の評価の考え方は，従前の評価の観点である「思考・判断・表現」においても重視してきたところです。具体的な評価方法としては，ペーパーテストのみならず，論述やレポートの作成，発表，グループや学級における話合い，作品の制作や表現等の多様な活動を取り入れたり，それらを集めたポートフォリオを活用したりするなど評価方法を工夫することが考えられます。

▌「主体的に学習に取り組む態度」の評価の方法

　具体的な評価方法としては，ノートやレポート等における記述，授業中の発言，教師による行動観察や，児童生徒による自己評価や相互評価等の状況を教師が評価を行う際に考慮する材料の一つとして用いることなどが考えられます。その際，各教科等の特質に応じて，児童生徒の発達の段階や一人一人の個性を十分に考慮しながら，「知識・技能」や「思考・判断・表現」の観点の状況を踏まえた上で，評価を行う必要があります。

「主体的に学習に取り組む態度」の評価のイメージ

○「主体的に学習に取り組む態度」の評価については，①知識及び技能を獲得したり，思考力，判断力，表現力等を身に付けたりすることに向けた粘り強い取組を行おうとする側面と，②①の粘り強い取組を行う中で，自らの学習を調整しようとする側面，という二つの側面から評価することが求められる。

○これら①②の姿は実際の教科等の学びの中では別々ではなく相互に関わり合いながら立ち現れるものと考えられる。例えば，自らの学習を全く調整しようとせず粘り強く取り組み続ける姿や，粘り強さが全くない中で自らの学習を調整する姿は一般的ではない。

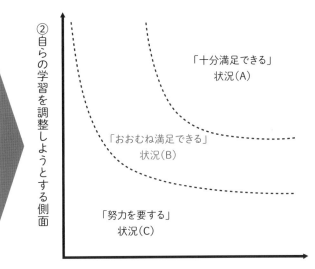

　ここでの評価は，その学習の調整が「適切に行われるか」を必ずしも判断するものではなく，学習の調整が知識及び技能の習得などに結びついていない場合には，教師が学習の進め方を適切に指導することが求められます。

「自らの学習を調整しようとする側面」とは…

　自らの学習状況を把握し，学習の進め方について試行錯誤するなどの意思的な側面のことです。評価に当たっては，児童生徒が自らの理解の状況を振り返ることができるような発問の工夫をしたり，自らの考えを記述したり話し合ったりする場面，他者との協働を通じて自らの考えを相対化する場面を，単元や題材などの内容のまとまりの中で設けたりするなど，「主体的・対話的で深い学び」の視点からの授業改善を図る中で，適切に評価できるようにしていくことが重要です。

 コラム

「主体的に学習に取り組む態度」は，「関心・意欲・態度」と同じ趣旨ですが…
～こんなことで評価をしていませんでしたか？～

　平成31年1月21日文部科学省中央教育審議会初等中等教育分科会教育課程部会「児童生徒の学習評価の在り方について（報告）」では，学習評価について指摘されている課題として，「関心・意欲・態度」の観点について「学校や教師の状況によっては，挙手の回数や毎時間ノートを取っているかなど，性格や行動面の傾向が一時的に表出された場面を捉える評価であるような誤解が払拭し切れていない」ということが指摘されました。これを受け，従来から重視されてきた各教科等の学習内容に関心をもつことのみならず，よりよく学ぼうとする意欲をもって学習に取り組む態度を評価するという趣旨が改めて強調されました。

Column

学習評価の充実

学習評価の妥当性, 信頼性を高める工夫の例

- 評価規準や評価方法について,事前に教師同士で検討するなどして明確にすること,評価に関する実践事例を蓄積し共有していくこと,評価結果についての検討を通じて評価に係る教師の力量の向上を図ることなど,学校として組織的かつ計画的に取り組む。
- 学校が児童生徒や保護者に対し,評価に関する仕組みについて事前に説明したり,評価結果について丁寧に説明したりするなど,評価に関する情報をより積極的に提供し児童生徒や保護者の理解を図る。

評価時期の工夫の例

- 日々の授業の中では児童生徒の学習状況を把握して指導に生かすことに重点を置きつつ,各教科における「知識・技能」及び「思考・判断・表現」の評価の記録については,原則として単元や題材などのまとまりごとに,それぞれの実現状況が把握できる段階で評価を行う。
- 学習指導要領に定められた各教科等の目標や内容の特質に照らして,複数の単元や題材などにわたって長期的な視点で評価することを可能とする。

学年や学校間の円滑な接続を図る工夫の例

- 「キャリア・パスポート」を活用し,児童生徒の学びをつなげることができるようにする。
- 小学校段階においては,幼児期の教育との接続を意識した「スタートカリキュラム」を一層充実させる。
- 高等学校段階においては,入学者選抜の方針や選抜方法の組合せ,調査書の利用方法,学力検査の内容等について見直しを図ることが考えられる。

▍評価方法の工夫の例

全国学力・学習状況調査
（問題や授業アイディア例）を参考にした例

　平成19年度より毎年行われている全国学力・学習状況調査では，知識及び技能等を実生活の様々な場面に活用する力や，様々な課題解決のための構想を立て実践し評価・改善する力などに関わる内容の問題が出題されています。

　全国学力・学習状況調査の解説資料や報告書，授業アイディア例を参考にテストを作成したり，授業を工夫したりすることもできます。

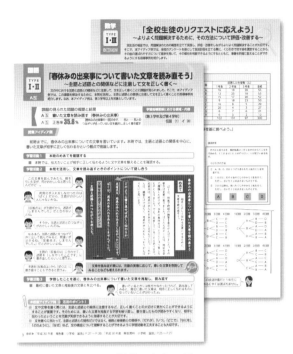

　　詳しくは，国立教育政策研究所Webページ「全国学力・学習状況調査」をご覧ください。
（http://www.nier.go.jp/kaihatsu/zenkokugakuryoku.html）

授業アイディア例

評価の方法の共有で働き方改革

　ペーパーテスト等のみにとらわれず，一人一人の学びに着目して評価をすることは，教師の負担が増えることのように感じられるかもしれません。しかし，児童生徒の学習評価は教育活動の根幹であり，「カリキュラム・マネジメント」の中核的な役割を担っています。その際，助けとなるのは，教師間の協働と共有です。

　評価の方法やそのためのツールについての悩みを一人で抱えることなく，学校全体や他校との連携の中で，計画や評価ツールの作成を分担するなど，これまで以上に協働と共有を進めれば，教師一人当たりの量的・時間的・精神的な負担の軽減につながります。風通しのよい評価体制を教師間で作っていくことで，評価方法の工夫改善と働き方改革にもつながります。

「指導と評価の一体化の取組状況」

A:学習評価を通じて，学習評価のあり方を見直すことや個に応じた指導の充実を図るなど，指導と評価の一体化に学校全体で取り組んでいる。

B:指導と評価の一体化の取組は，教師個人に任れている。

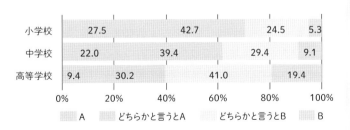

（平成29年度文部科学省委託調査「学習指導と学習評価に対する意識調査」より）

Q&A －先生方の質問にお答えします－

Q1 1回の授業で，3つの観点全てを評価しなければならないのですか。

A. 学習評価については，日々の授業の中で児童生徒の学習状況を適宜把握して指導の改善に生かすことに重点を置くことが重要です。したがって観点別学習状況の評価の記録に用いる評価については，毎回の授業ではなく原則として単元や題材などの内容や時間のまとまりごとに，それぞれの実現状況を把握できる段階で行うなど，その場面を精選することが重要です。

Q2 「十分満足できる」状況（A）はどのように判断したらよいのですか。

A. 各教科において「十分満足できる」状況（A）と判断するのは，評価規準に照らし，児童生徒が実現している学習の状況が質的な高まりや深まりをもっていると判断される場合です。「十分満足できる」状況（A）と判断できる児童生徒の姿は多様に想定されるので，学年会や教科部会等で情報を共有することが重要です。

Q3 指導要録の文章記述欄が多く，かなりの時間を要している現状を解決できませんか。

A. 本来，学習評価は日常の指導の場面で，児童生徒本人へフィードバックを行う機会を充実させるとともに，通知表や面談などの機会を通して，保護者との間でも評価に関する情報共有を充実させることが重要です。このため，指導要録における文章記述欄については，例えば，「総合所見及び指導上参考となる諸事項」については，要点を箇条書きとするなど，必要最小限のものとなるようにしました。また，小学校第3学年及び第4学年における外国語活動については，記述欄を簡素化した上で，評価の観点に即して，児童の学習状況に顕著な事項がある場合などにその特徴を記入することとしました。

Q4 評定以外の学習評価についても保護者の理解を得るにはどのようにすればよいのでしょうか。

A. 保護者説明会等において，学習評価に関する説明を行うことが効果的です。各教科等における成果や課題を明らかにする「観点別学習状況の評価」と，教育課程全体を見渡した学習状況を把握することが可能な「評定」について，それぞれの利点や，上級学校への入学者選抜に係る調査書のねらいや活用状況を明らかにすることは，保護者との共通理解の下で児童生徒への指導を行っていくことにつながります。

Q5 障害のある児童生徒の学習評価について，どのようなことに配慮すべきですか。

A. 学習評価に関する基本的な考え方は，障害のある児童生徒の学習評価についても変わるものではありません。このため，障害のある児童生徒については，特別支援学校等の助言または援助を活用しつつ，個々の児童生徒の障害の状態等に応じた指導内容や指導方法の工夫を行い，その評価を適切に行うことが必要です。また，指導要録の通級による指導に関して記載すべき事項が個別の指導計画に記載されている場合には，その写しをもって指導要録への記入に替えることも可能としました。

文部科学省
国立教育政策研究所
NIER
National Institute for Educational Policy Research

令和元年6月
文部科学省　国立教育政策研究所教育課程研究センター
〒100-8951 東京都千代田区霞が関3丁目2番2号　TEL 03-6733-6833（代表）

「指導と評価の一体化」のための
学習評価に関する参考資料
【小学校　家庭】

令和 2 年 6 月 27 日	初版発行
令和 6 年 4 月 15 日	6 版発行

著作権所有　　　　　国立教育政策研究所
　　　　　　　　　　教育課程研究センター

発　行　者　　　　　東京都千代田区神田錦町 2 丁目 9 番 1 号
　　　　　　　　　　コンフォール安田ビル 2 階
　　　　　　　　　　株式会社　東洋館出版社
　　　　　　　　　　代表者　錦織　圭之介

印　刷　者　　　　　大阪市住之江区中加賀屋 4 丁目 2 番 10 号
　　　　　　　　　　岩岡印刷株式会社

発　行　所　　　　　東京都千代田区神田錦町 2 丁目 9 番 1 号
　　　　　　　　　　コンフォール安田ビル 2 階
　　　　　　　　　　株式会社　東洋館出版社
　　　　　　　　　　電話　03-6778-4343

ISBN978-4-491-04127-8　　　　　定価：本体 1,000 円
　　　　　　　　　　　　　　　　（税込 1,100 円）税 10%